Archiv Peter Piller
Spekulationen (II)
Zahlreiche Übergangsformen

Archiv Peter Piller
Spekulationen (II)
Zahlreiche Übergangsformen

Kunsthalle Düsseldorf
Nieves

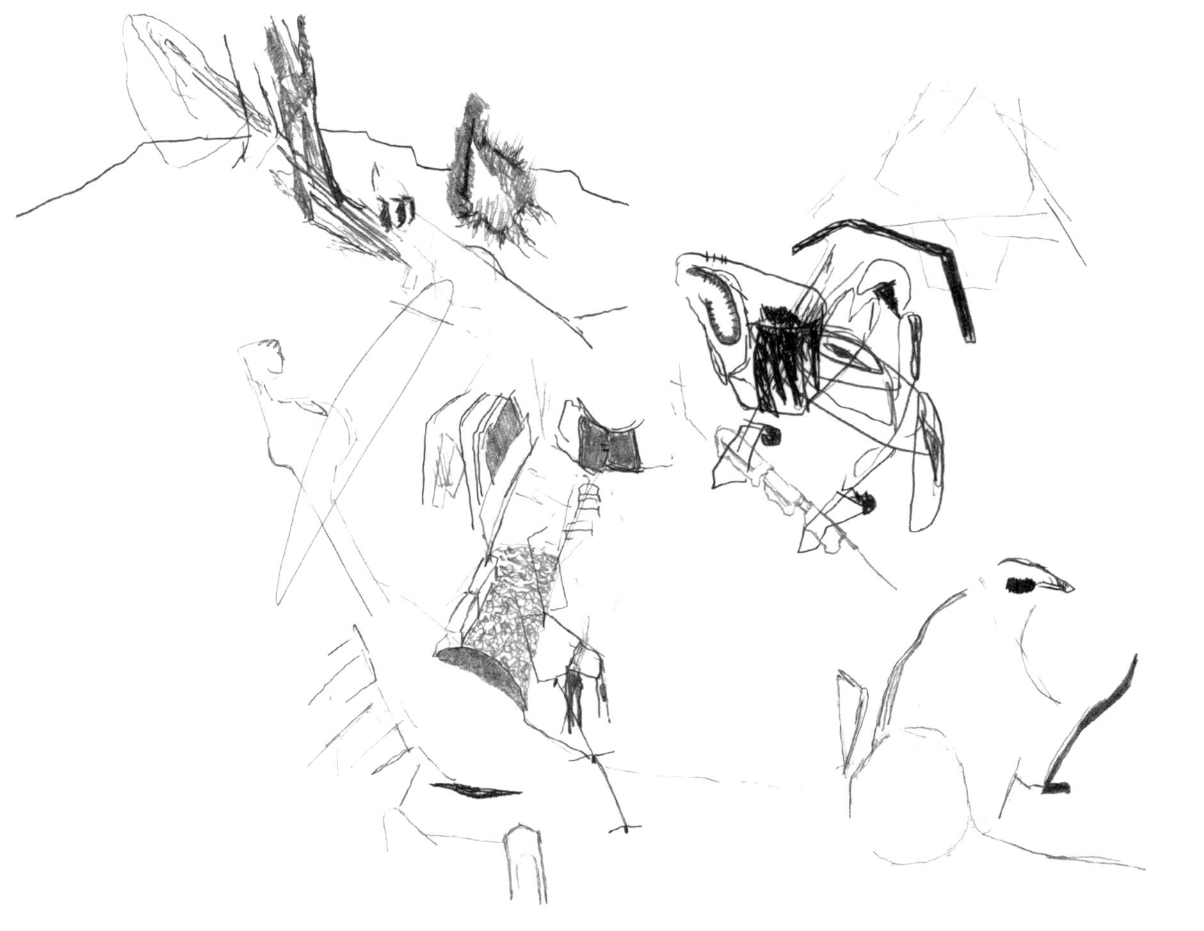

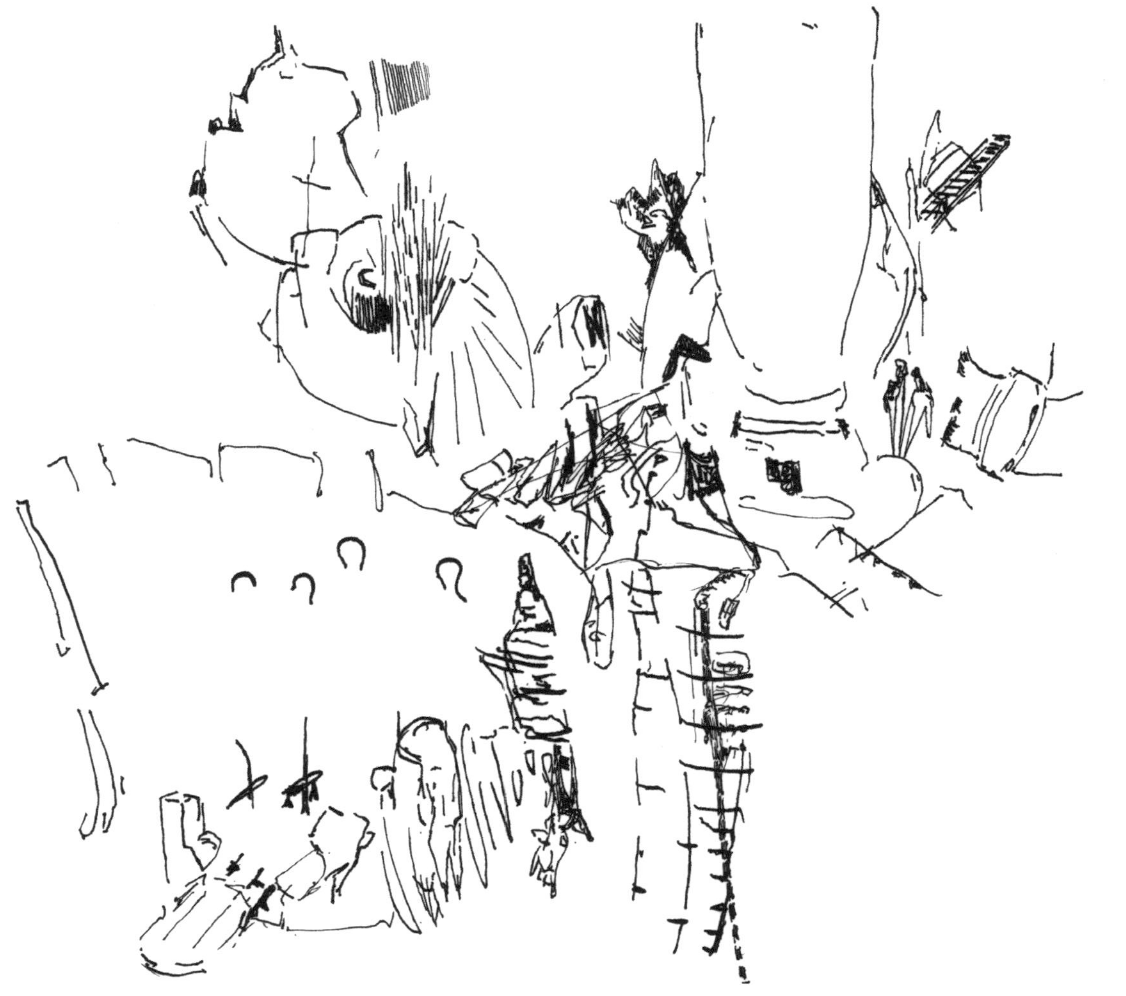

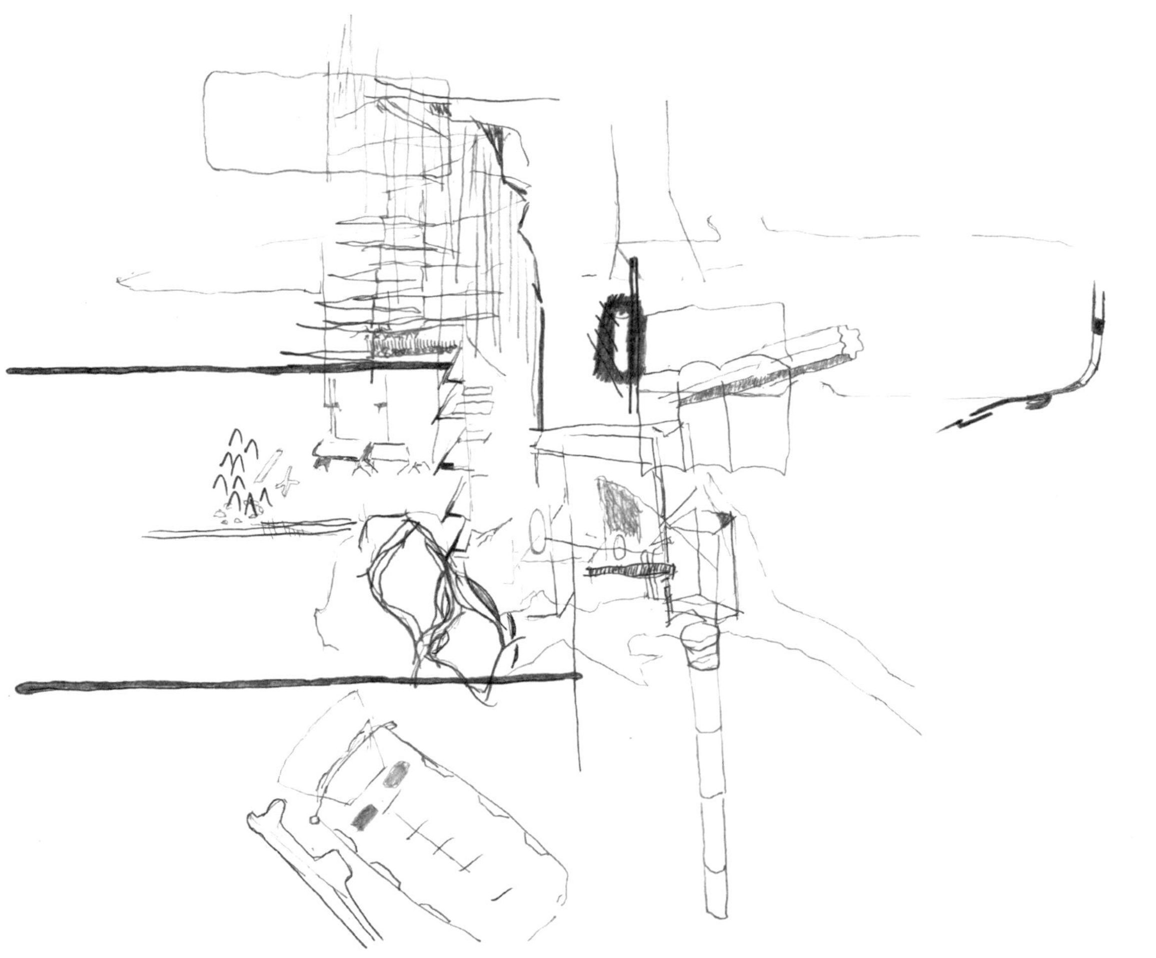

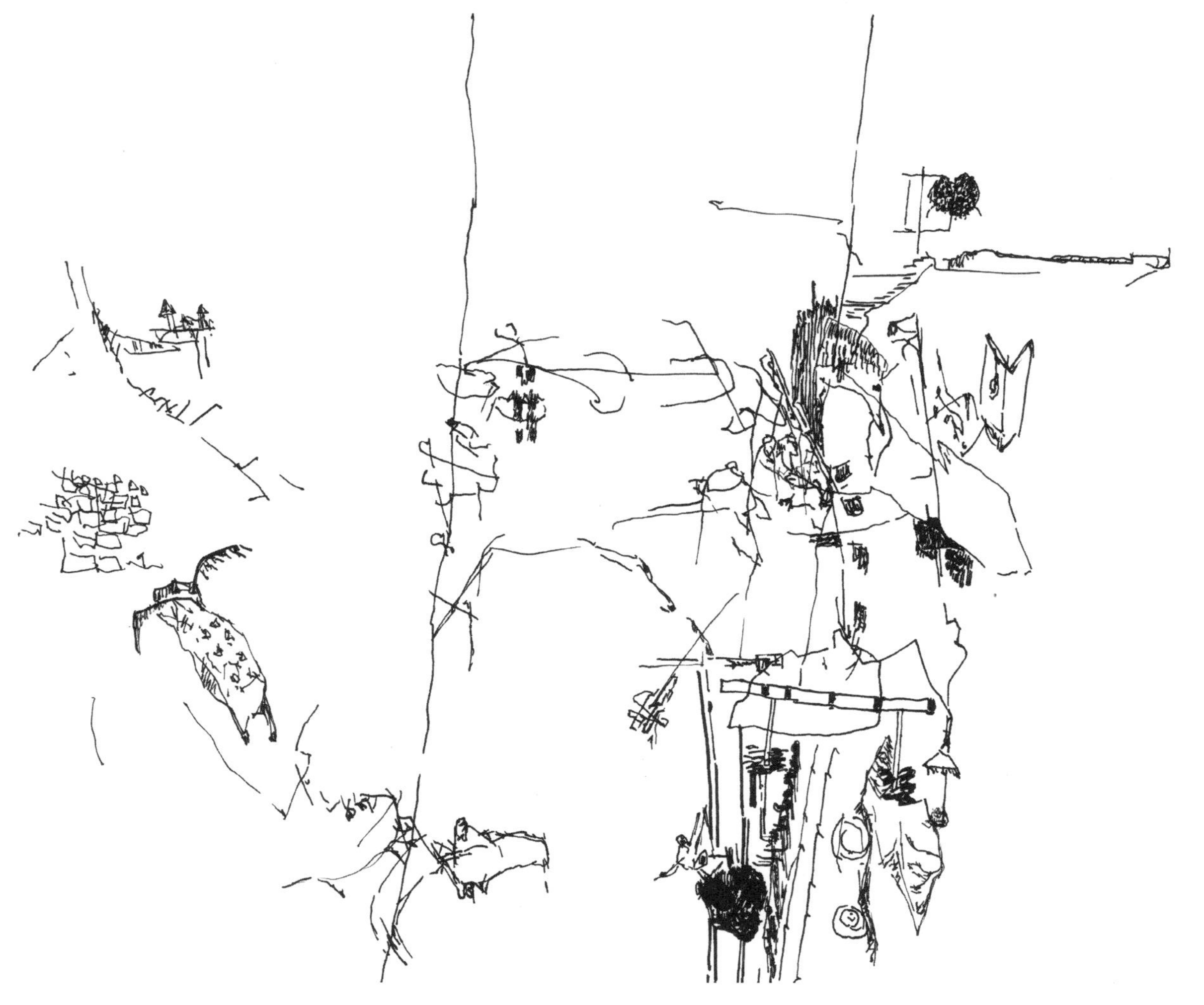

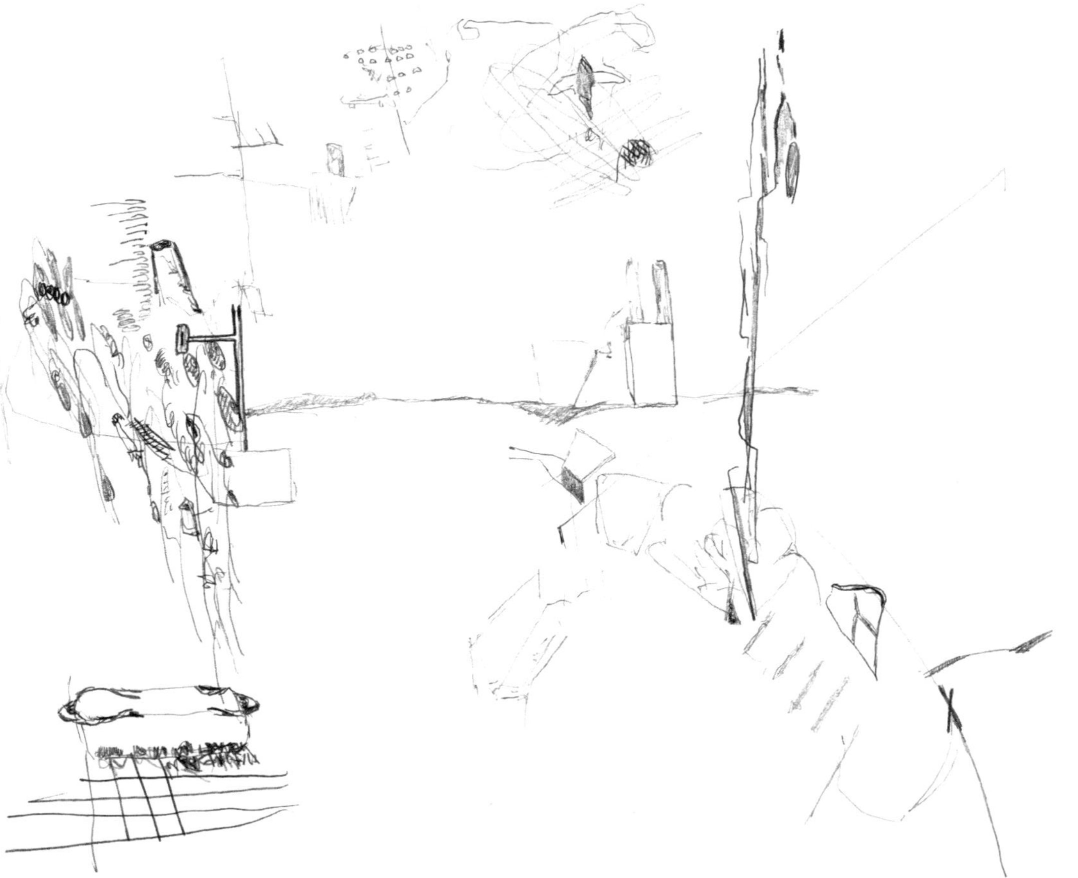

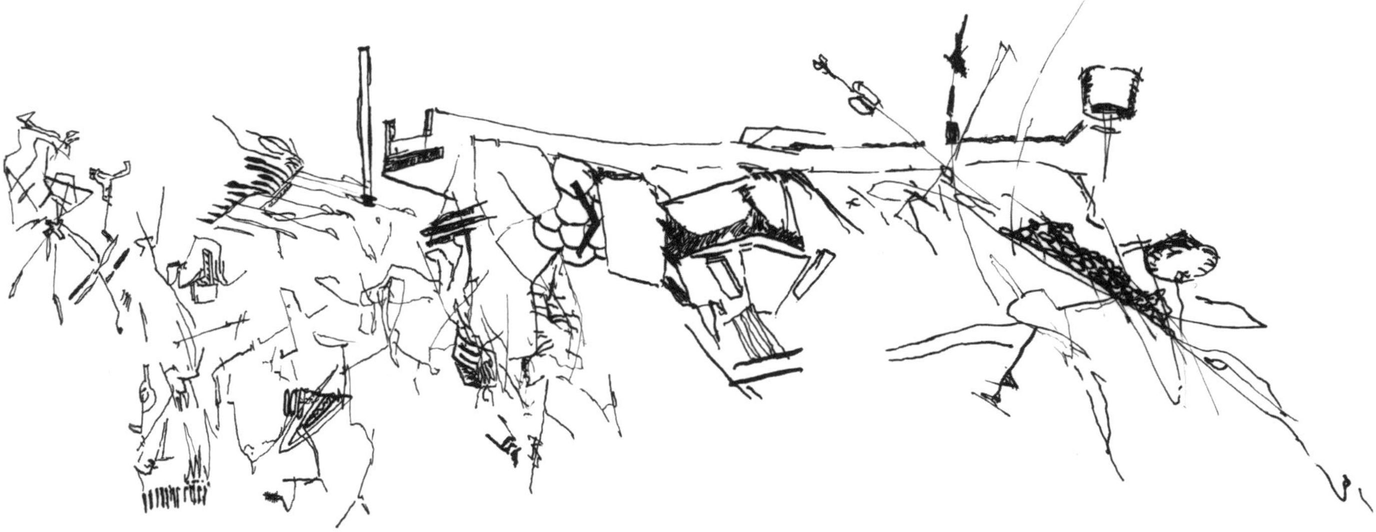

9

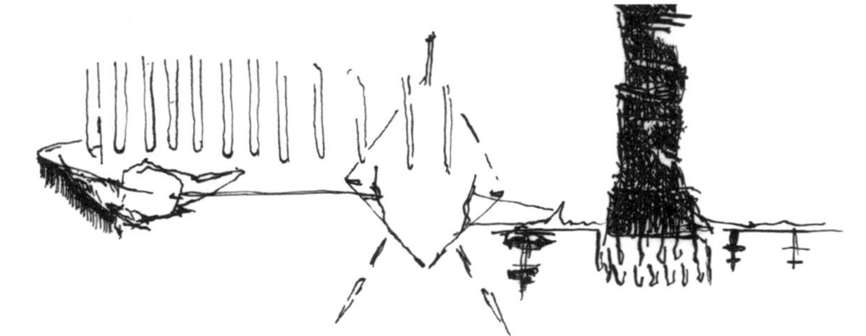

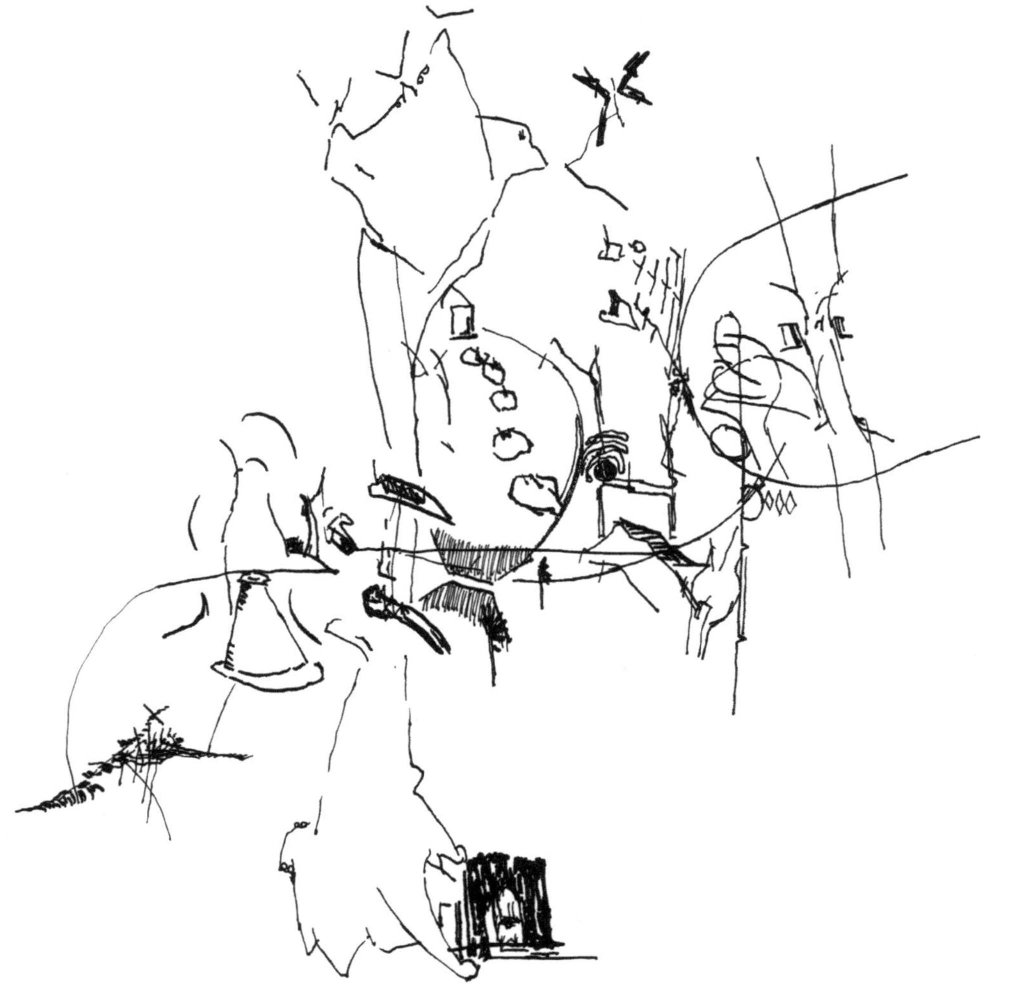

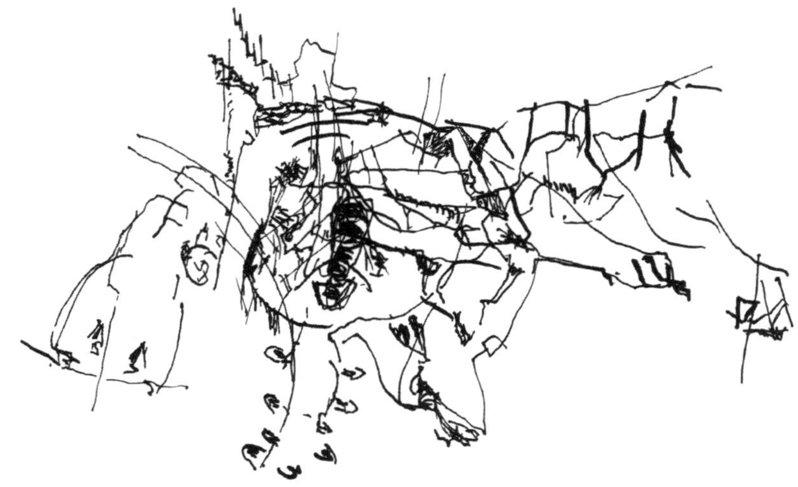

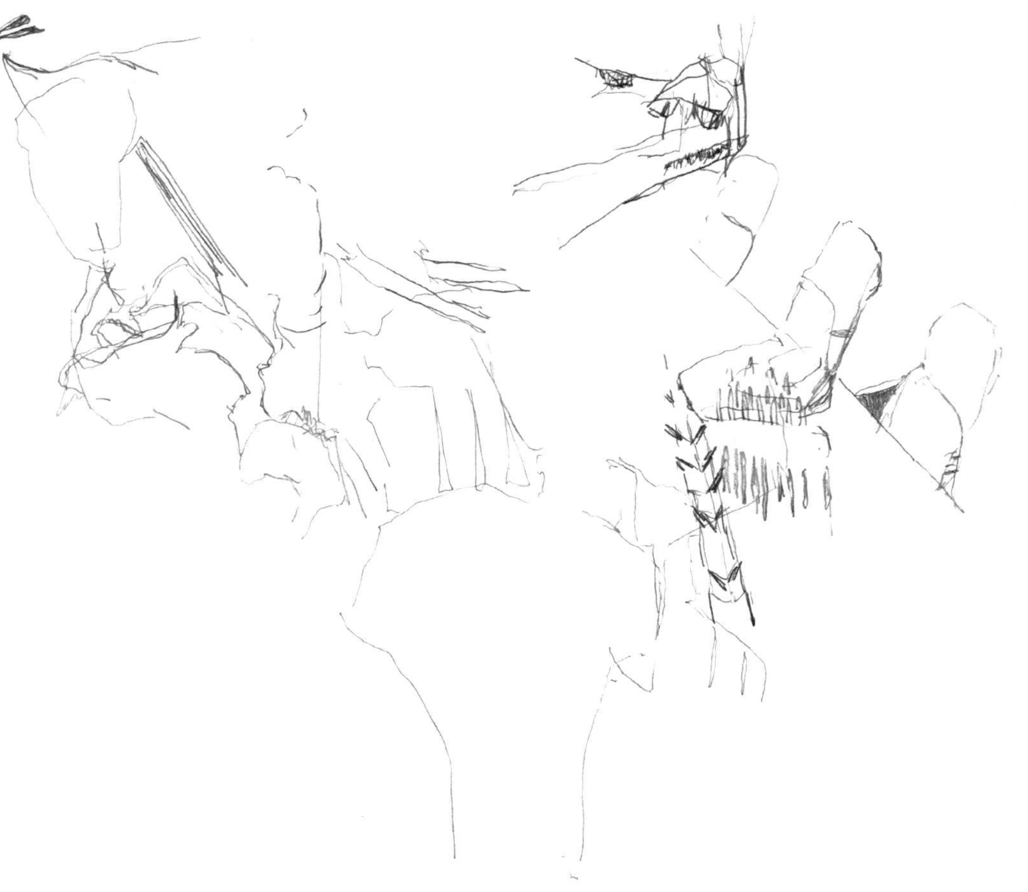

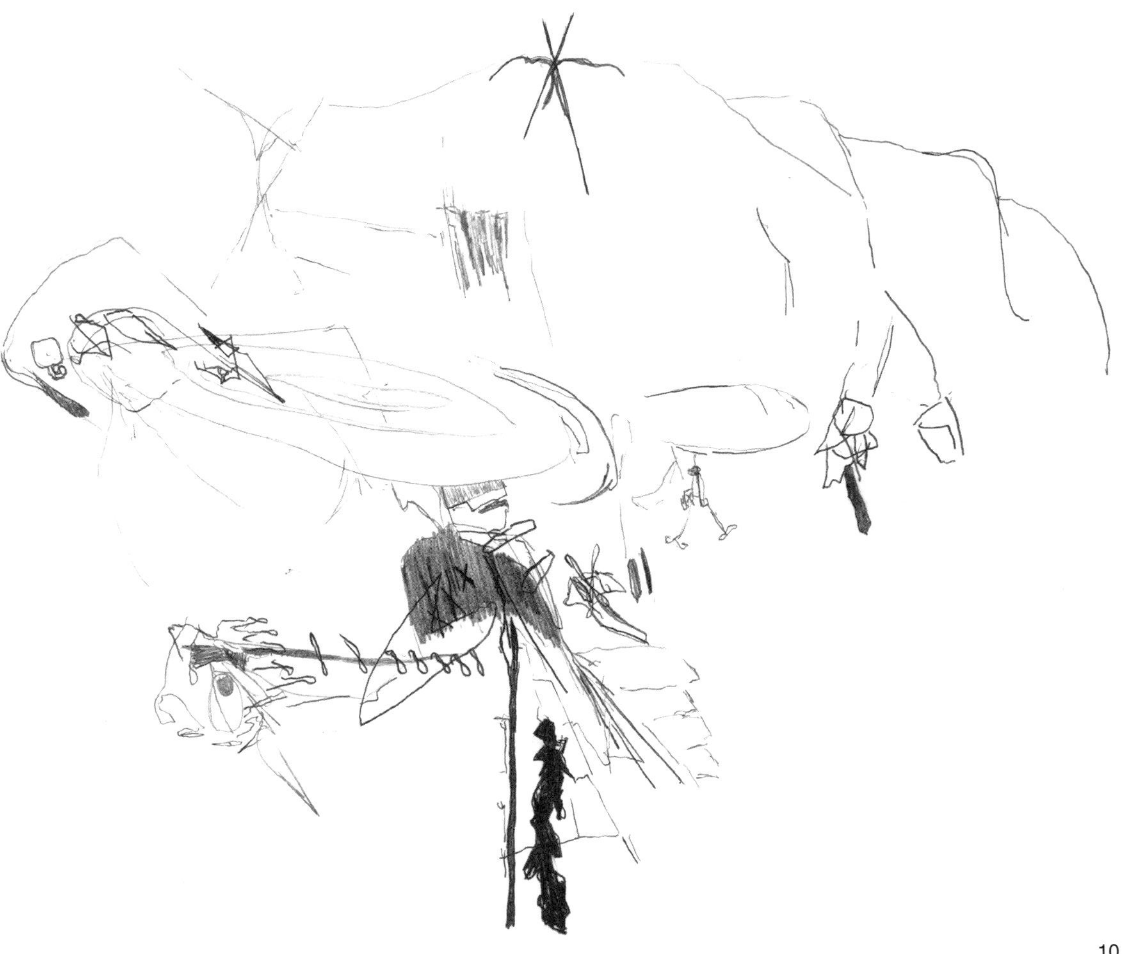

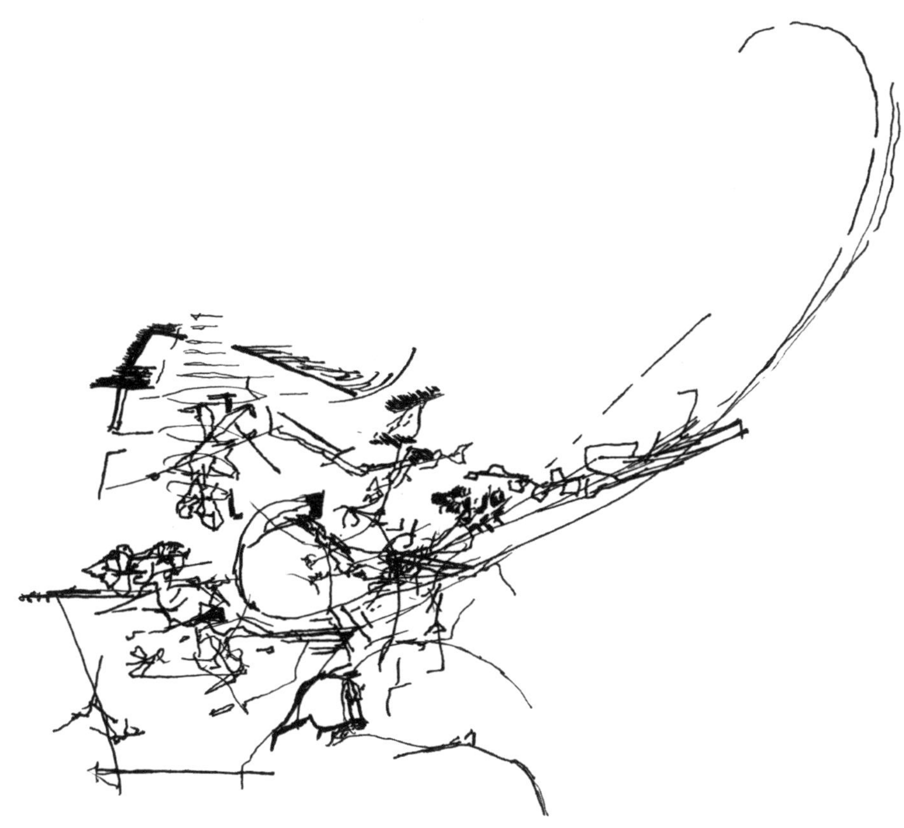

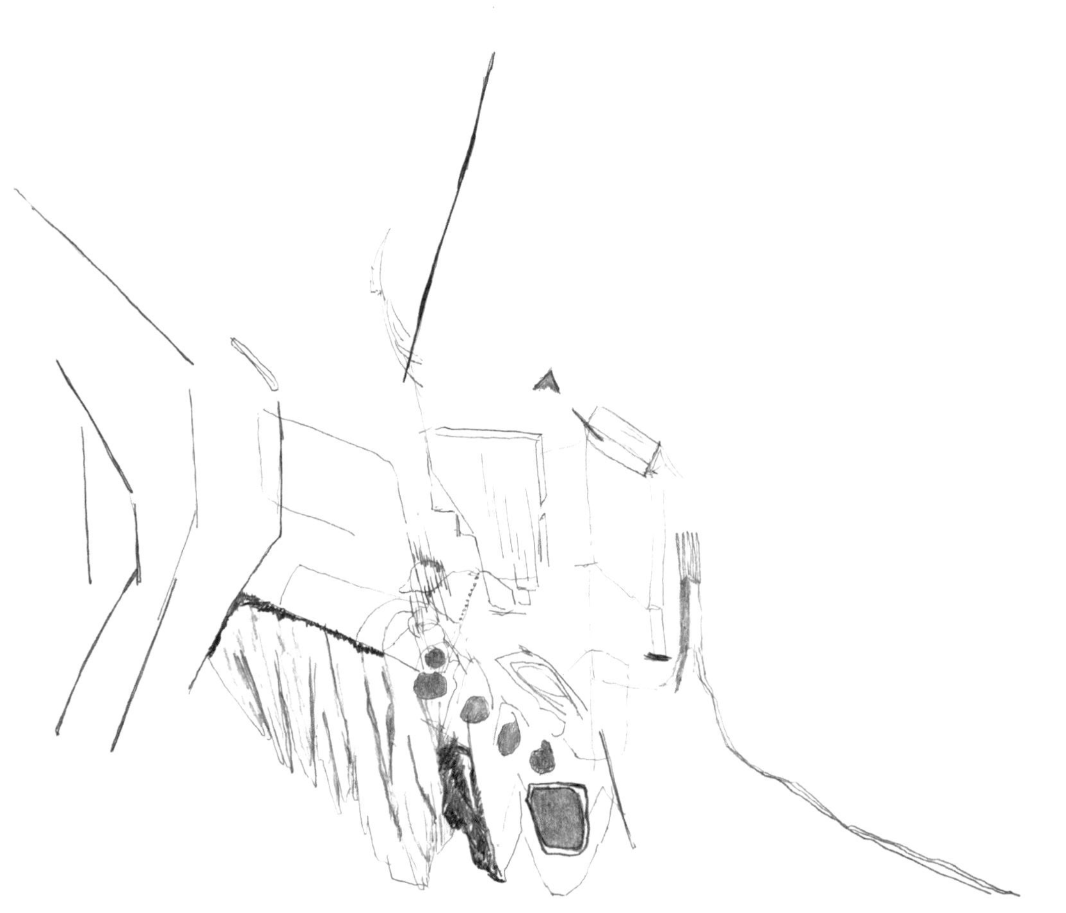

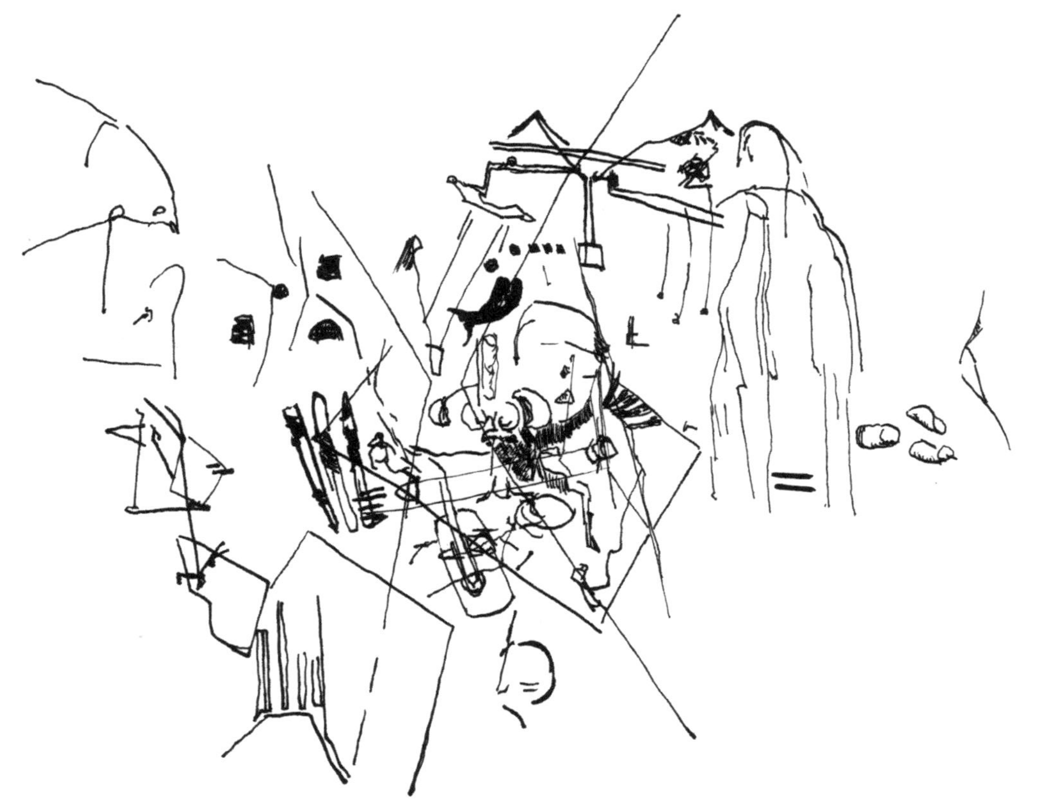

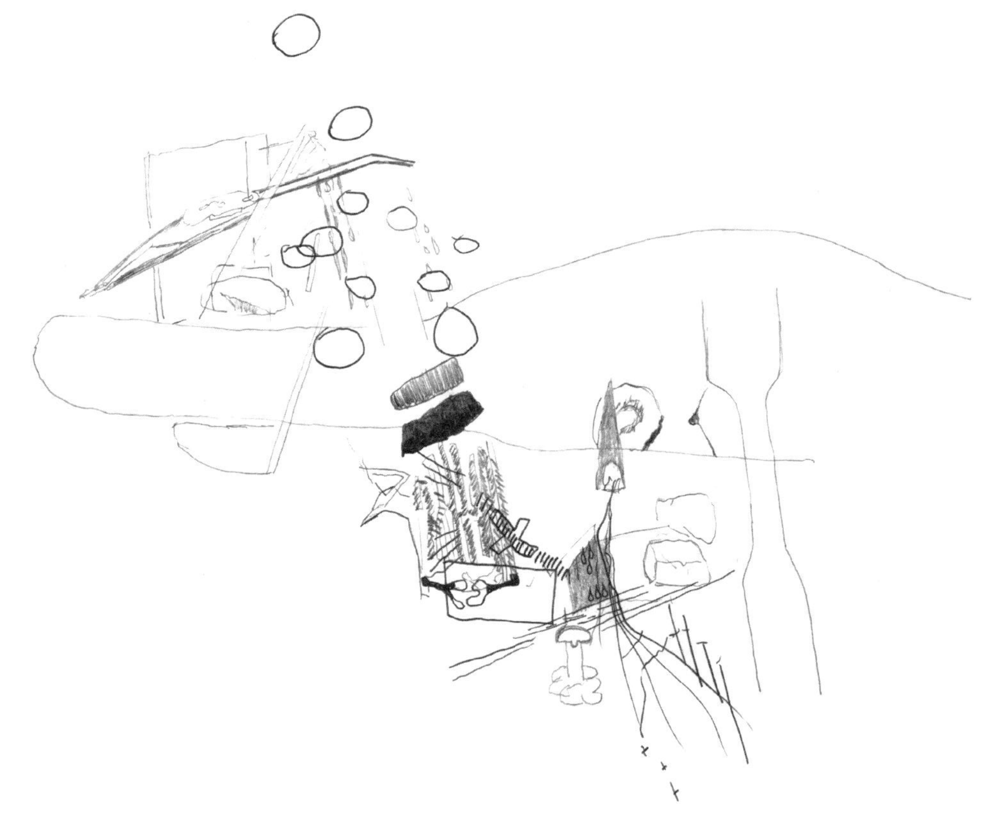

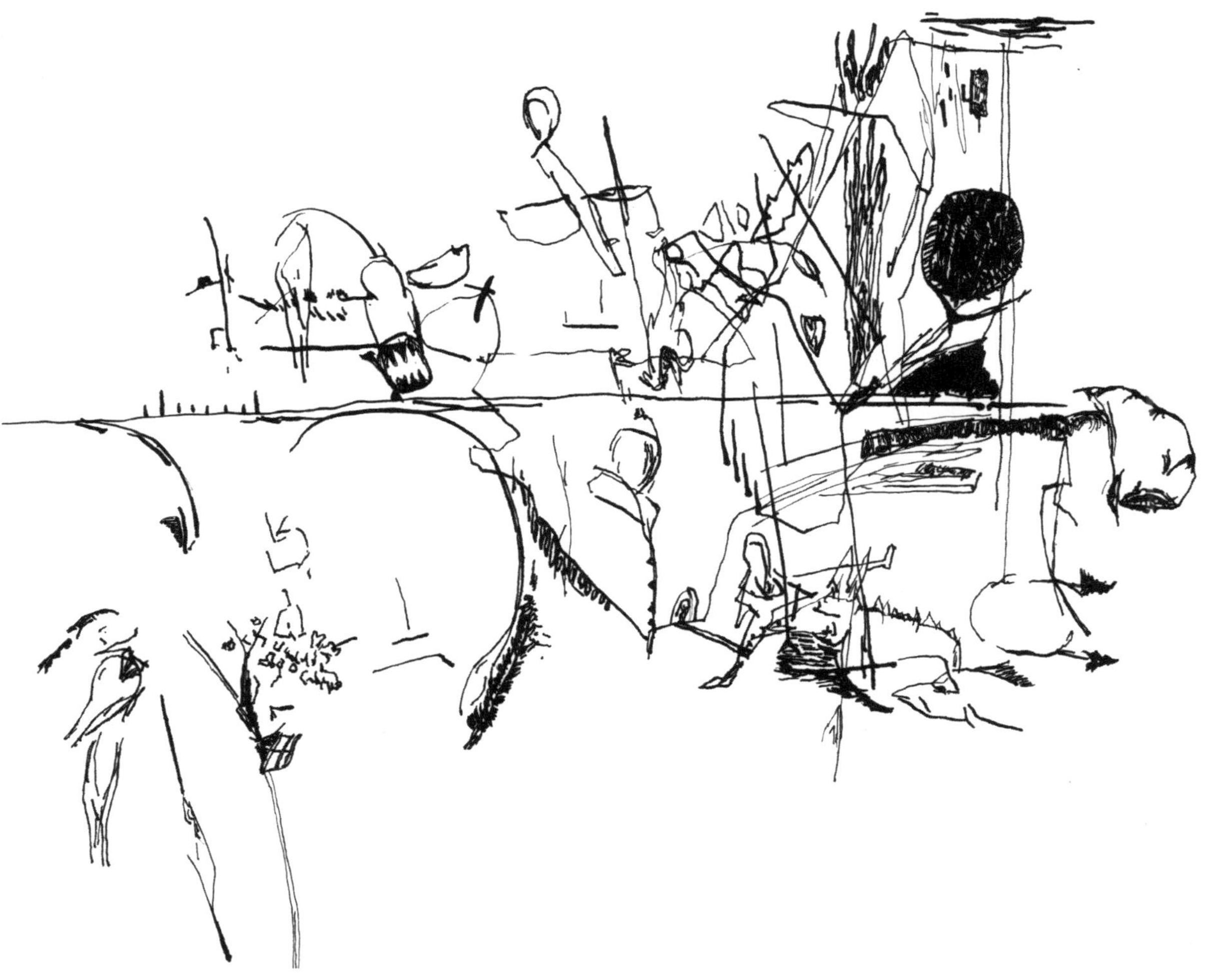

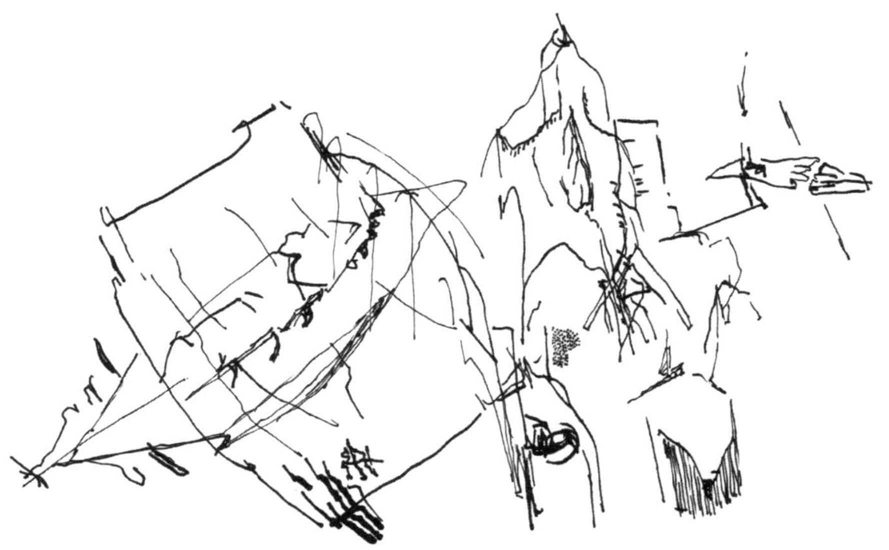

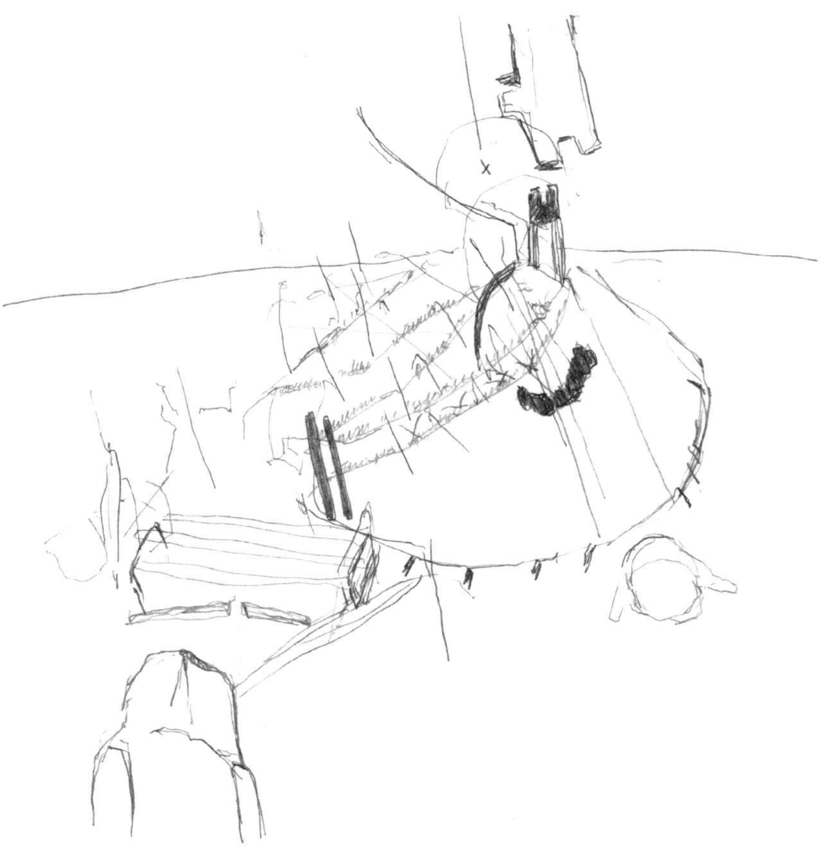

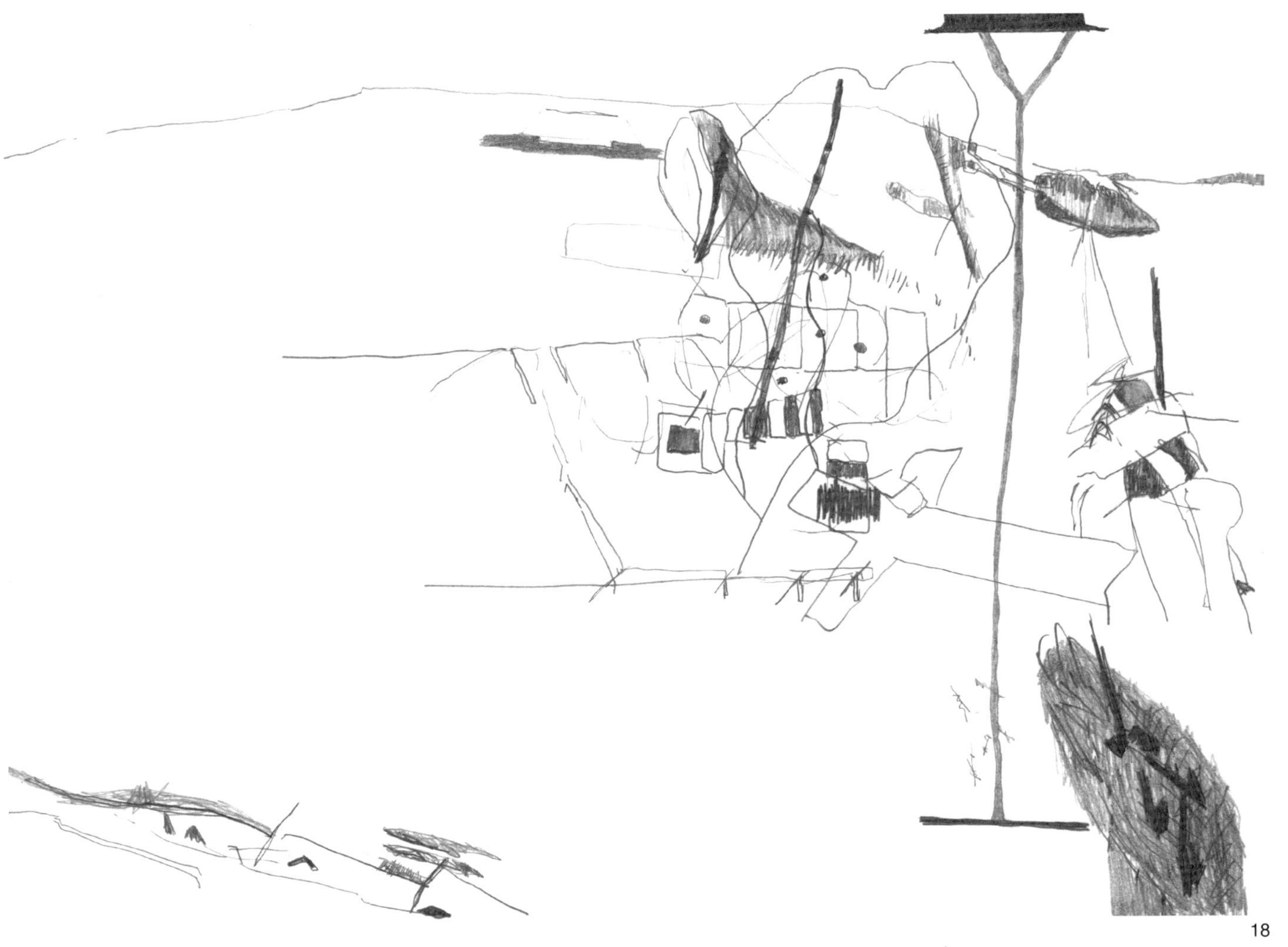

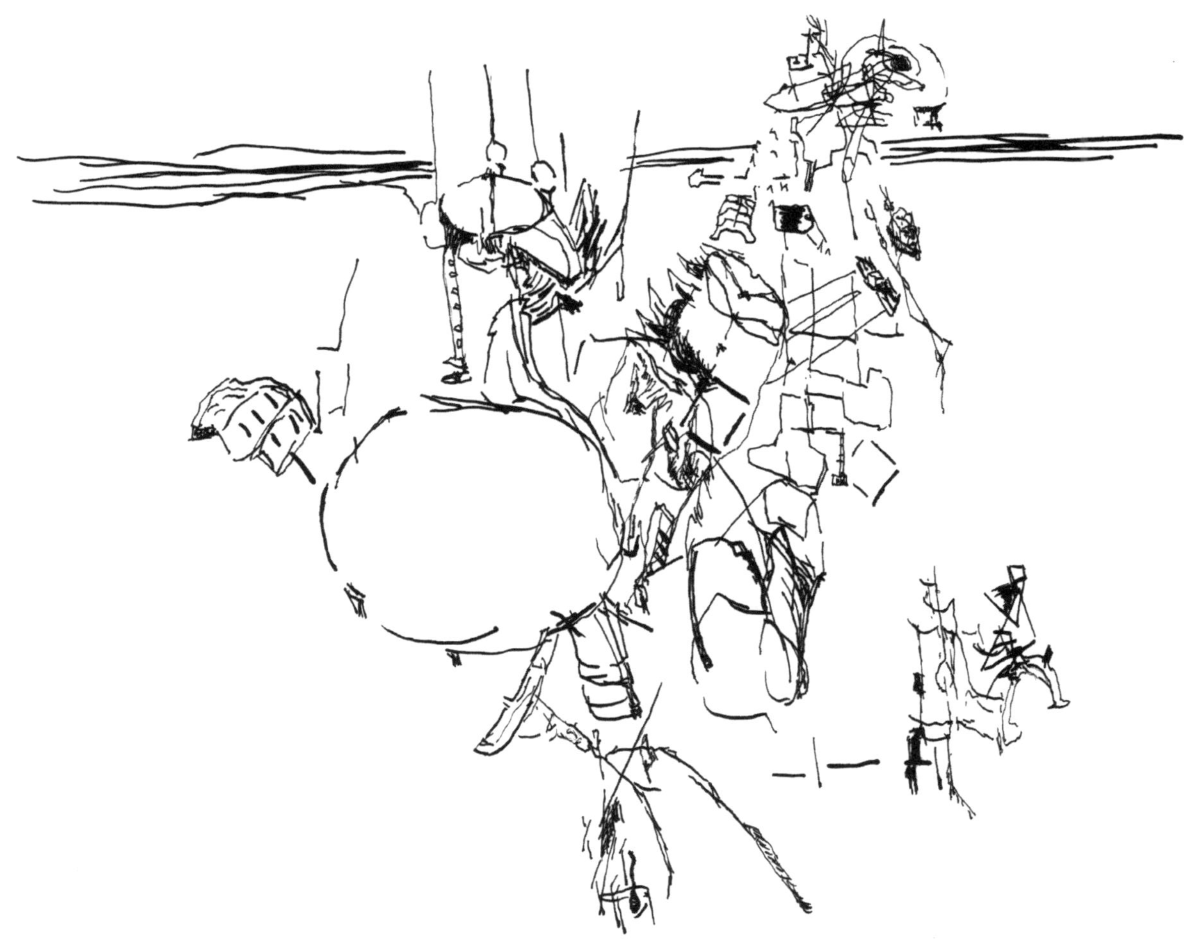

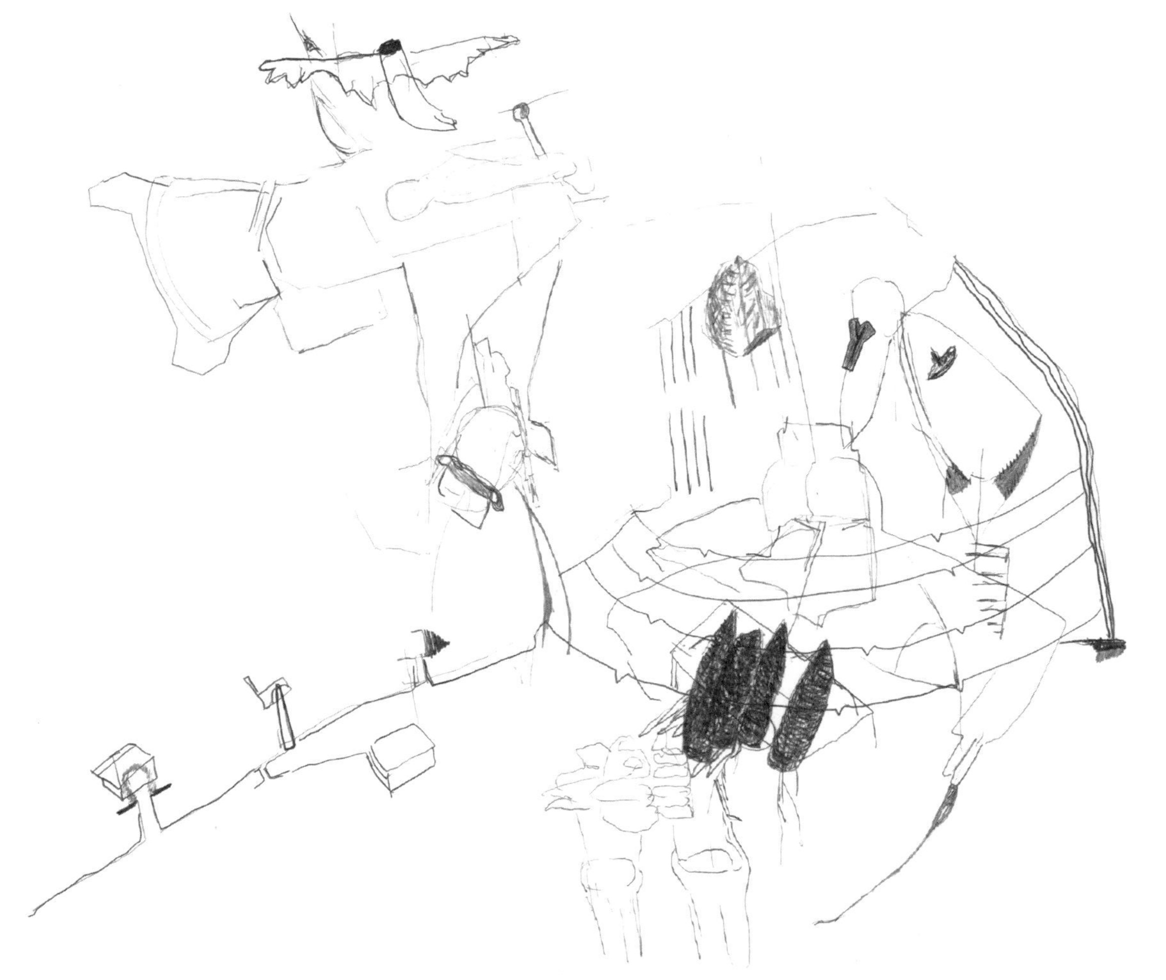

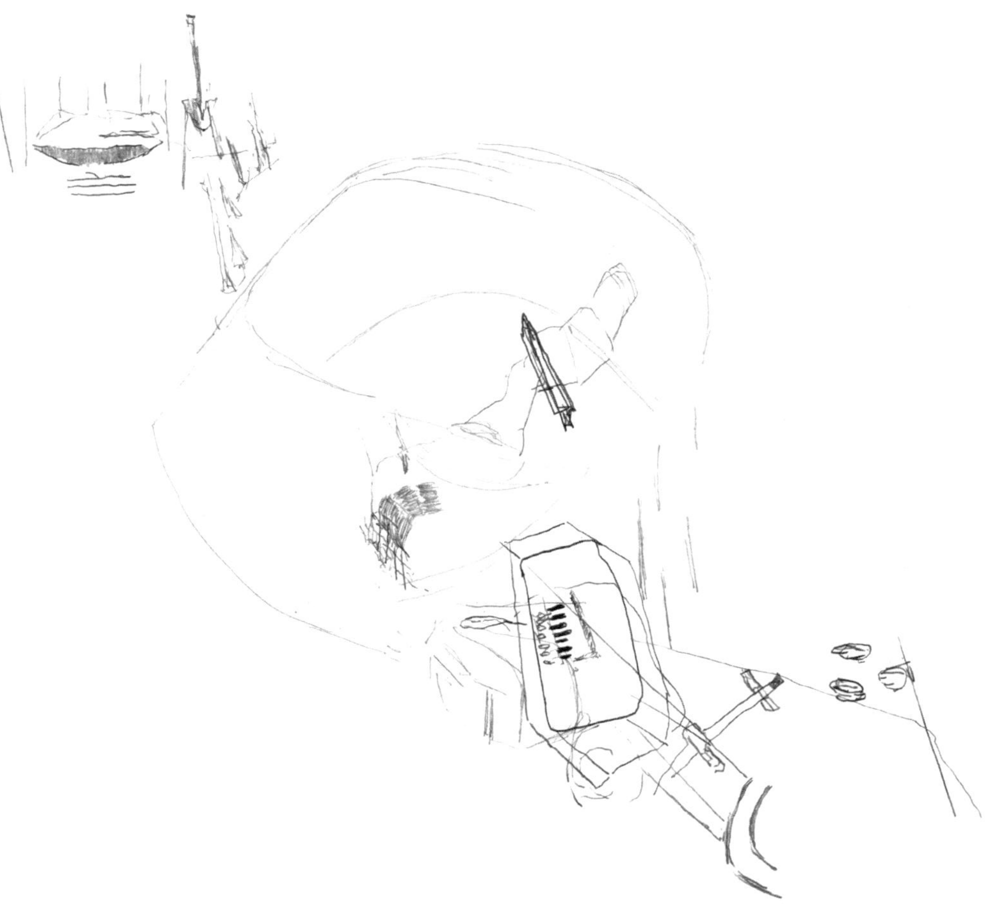

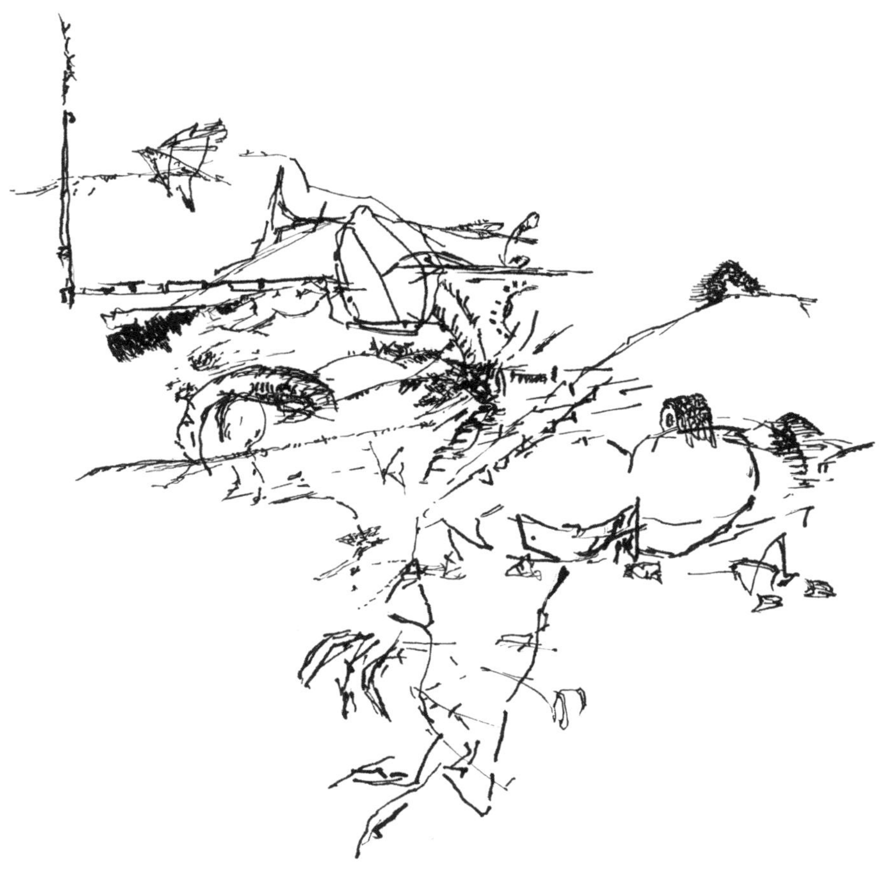

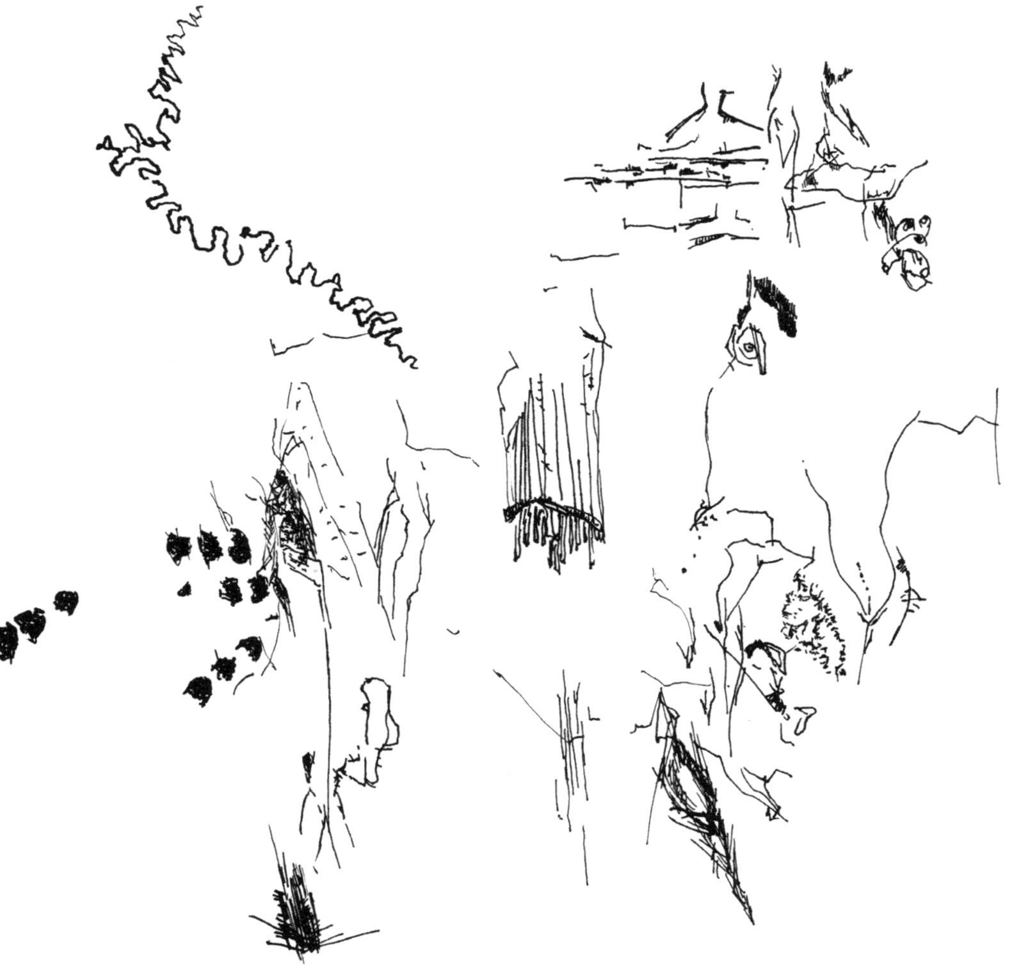

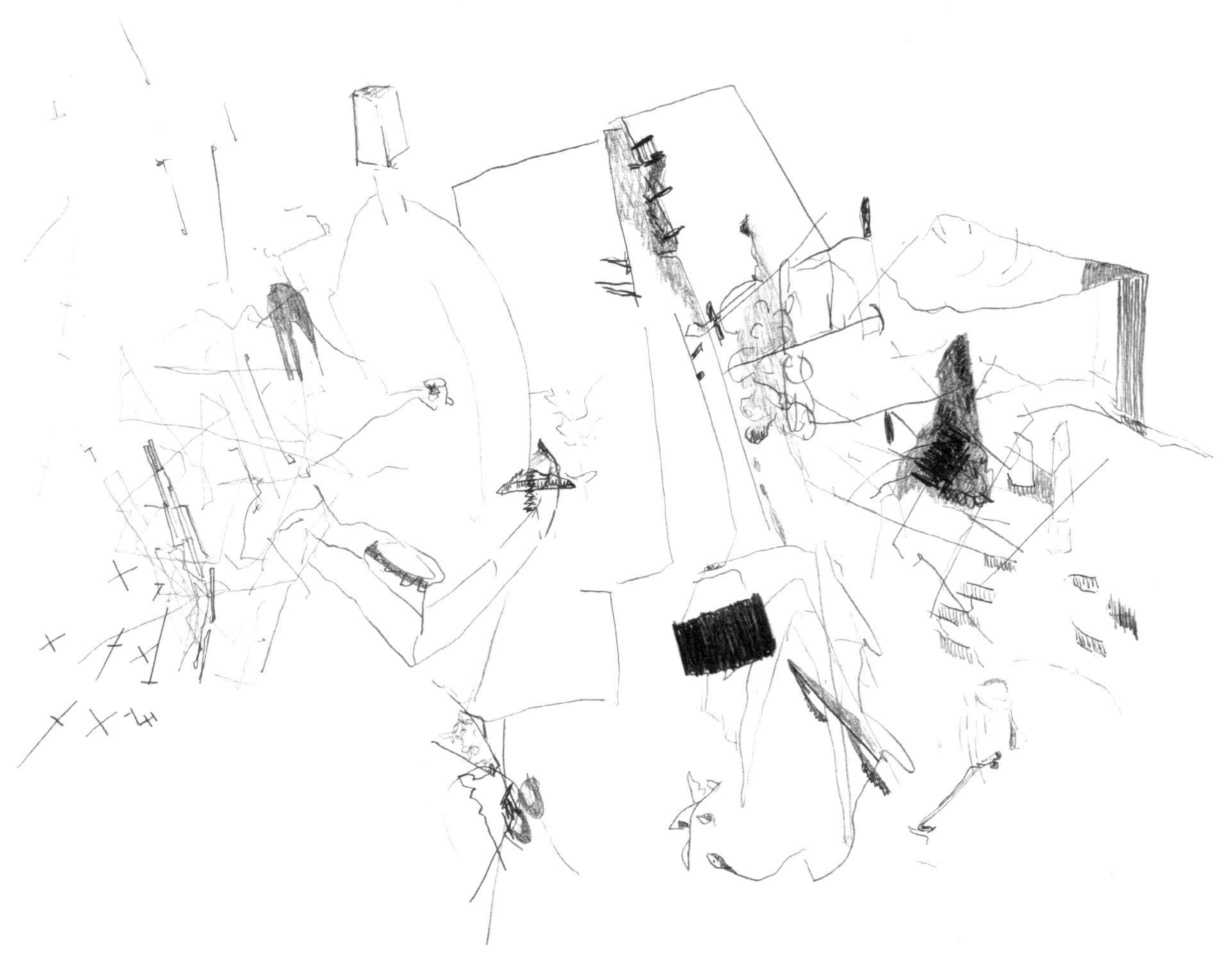

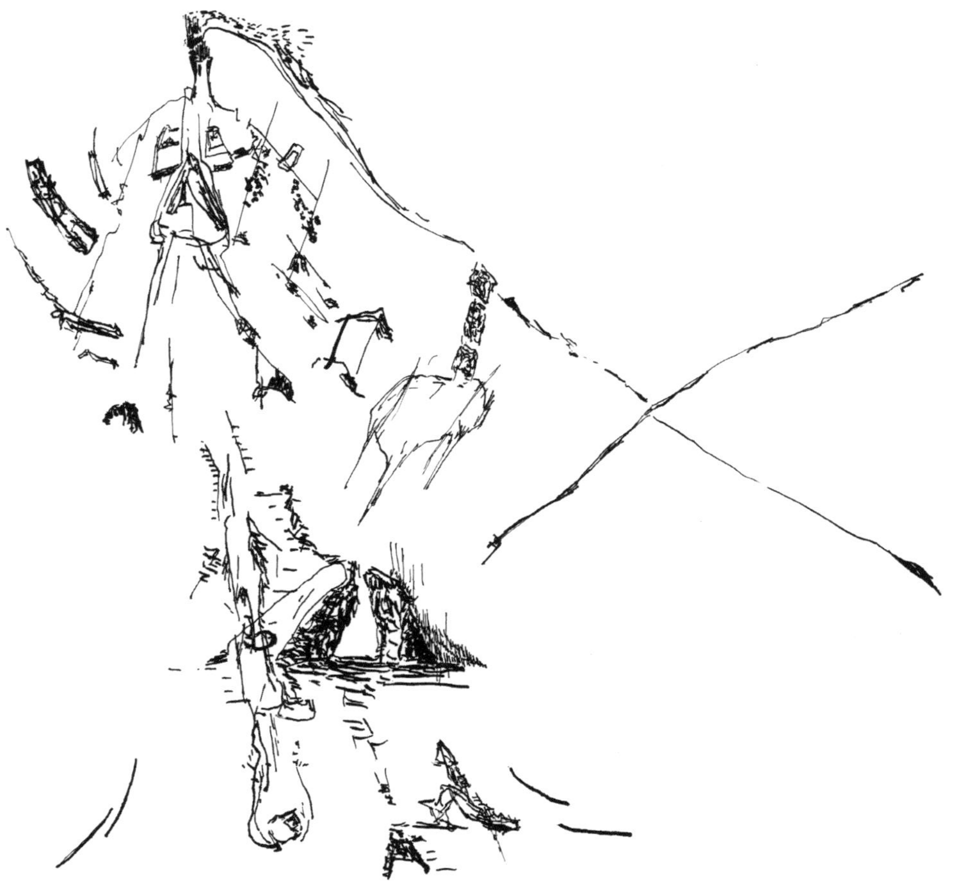

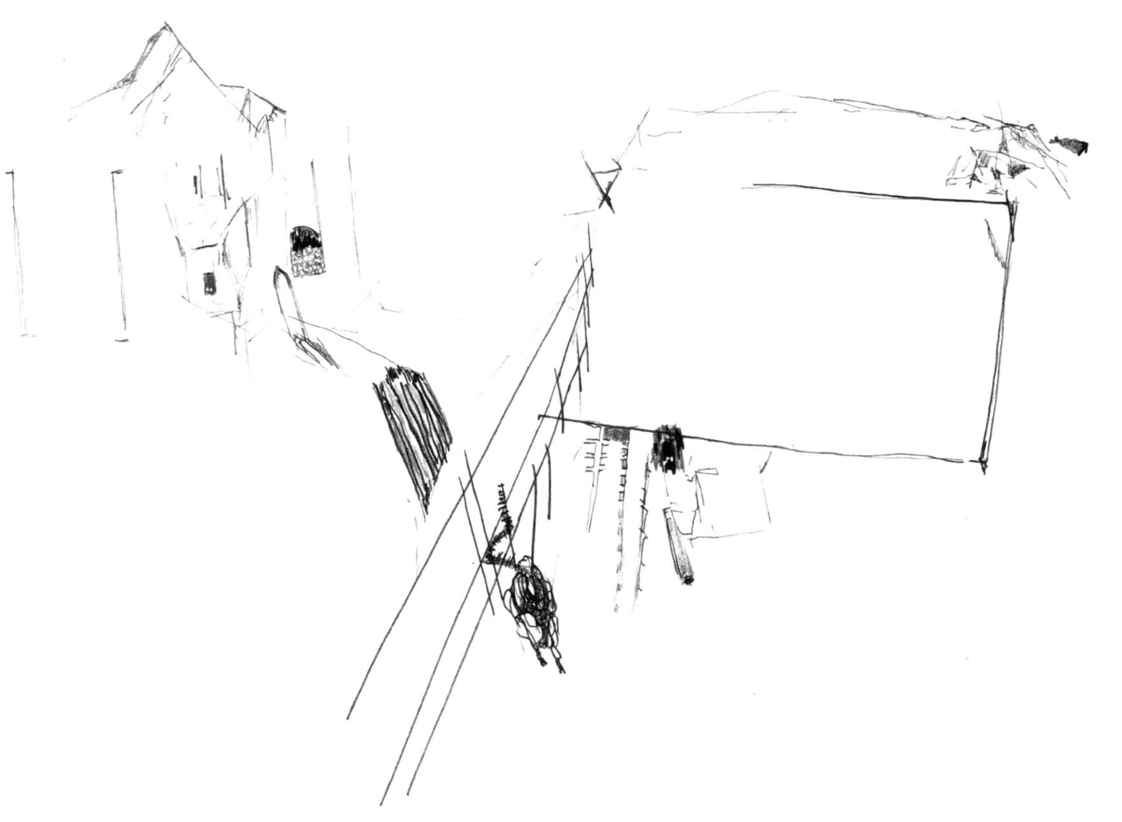

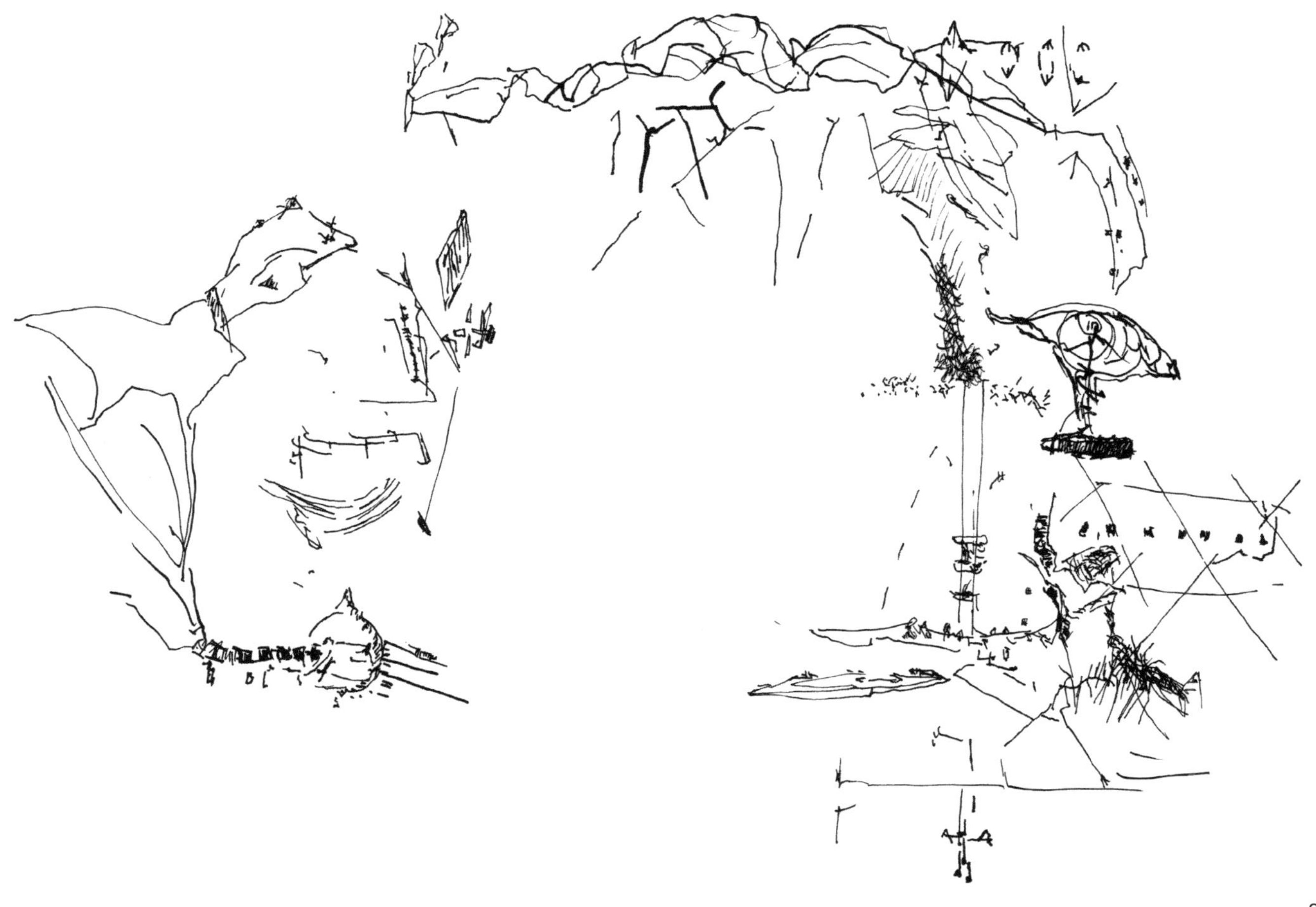

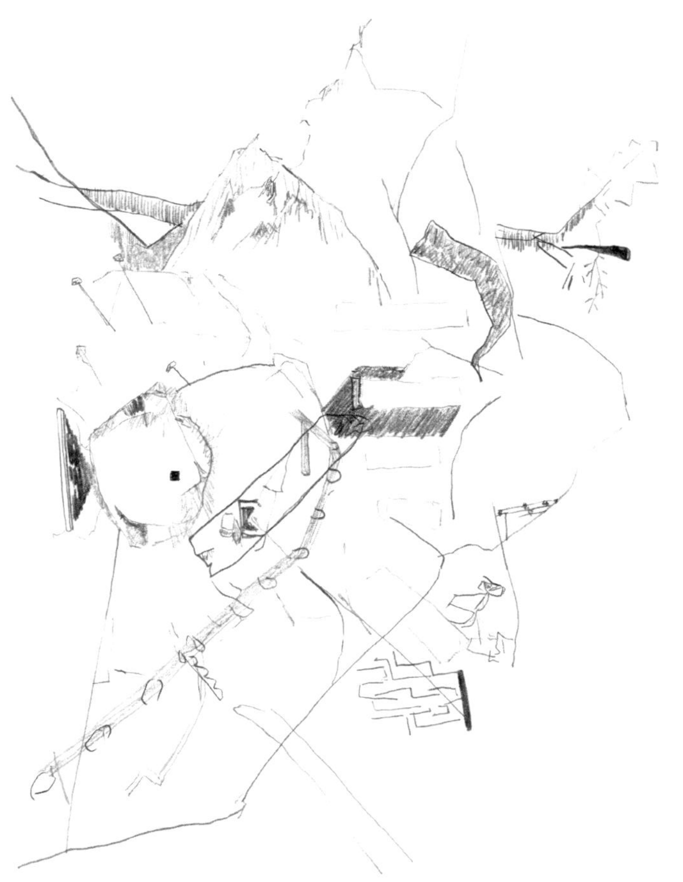

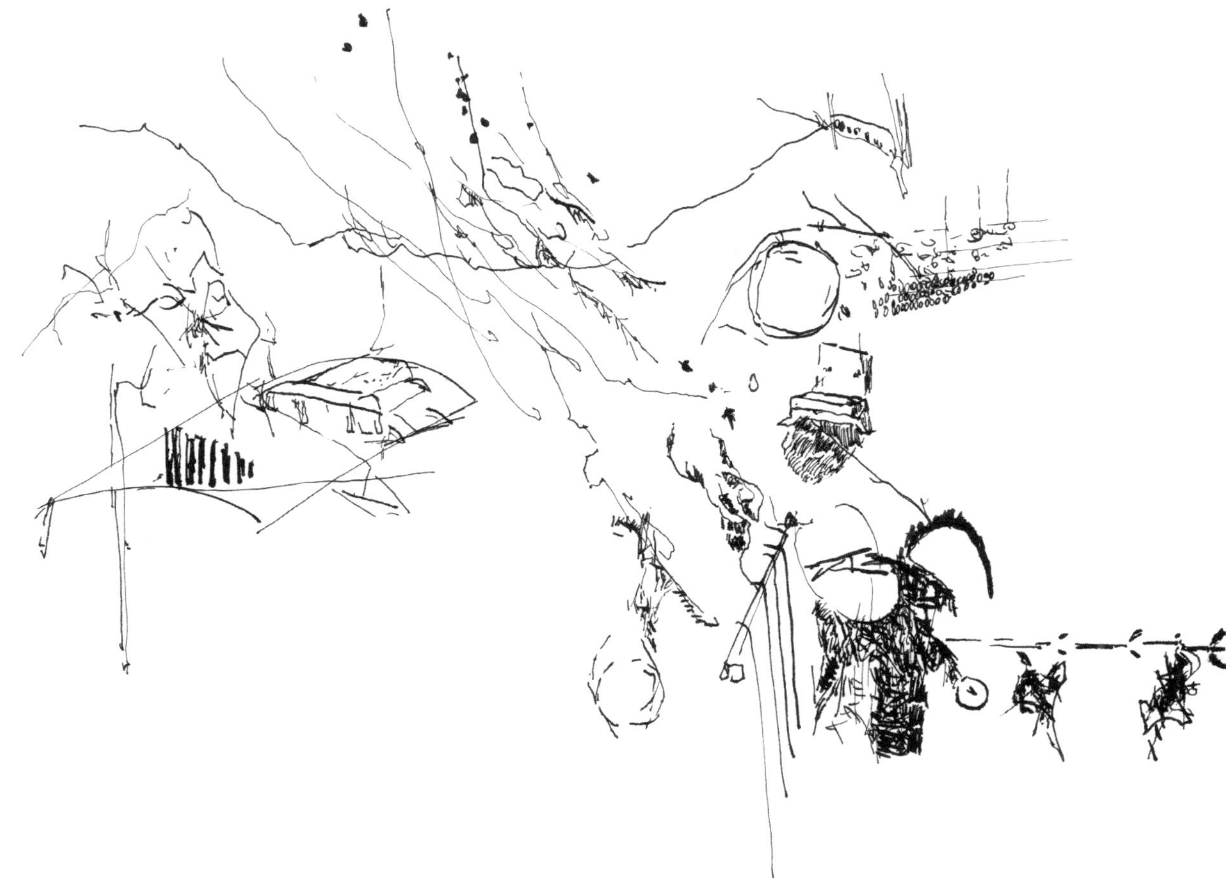

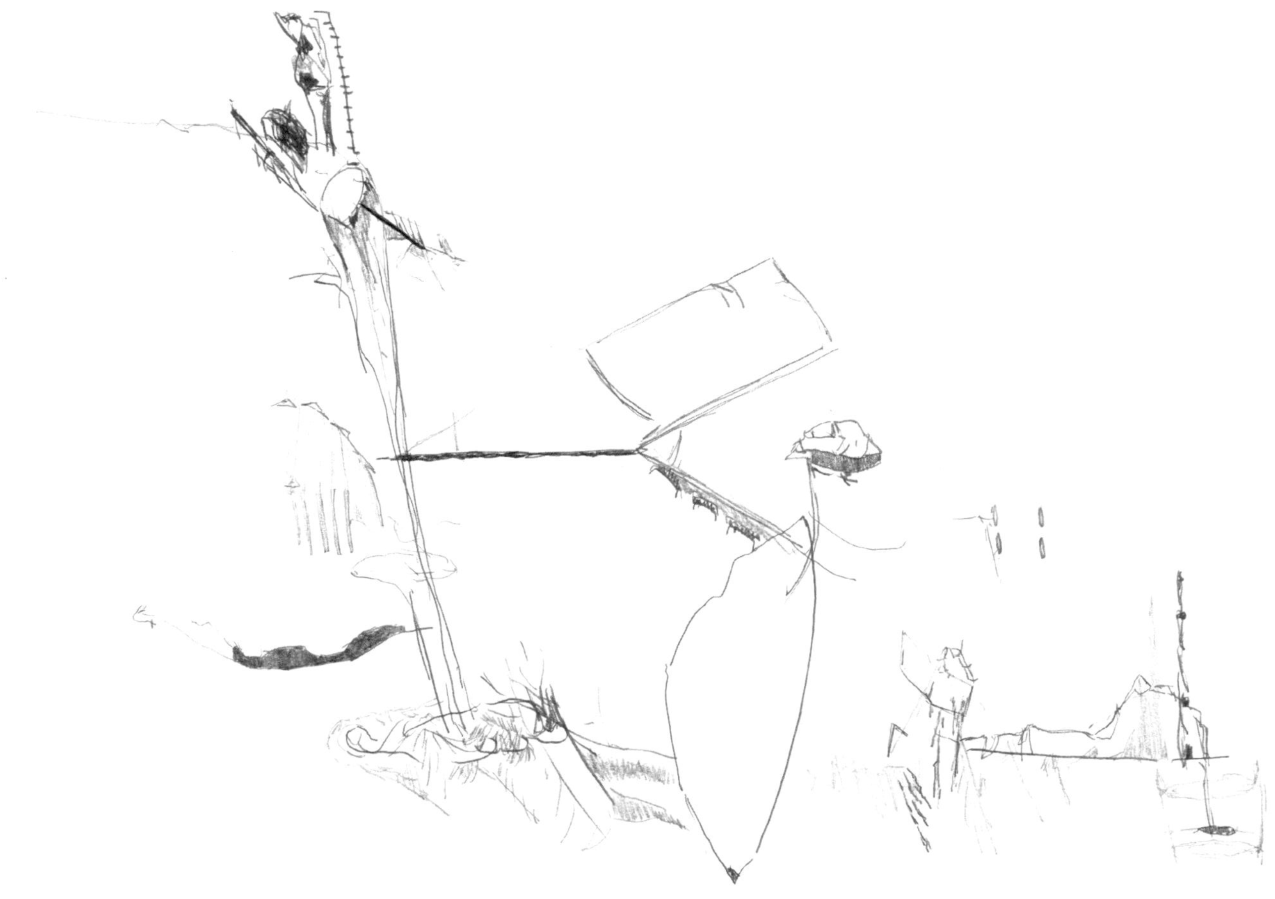

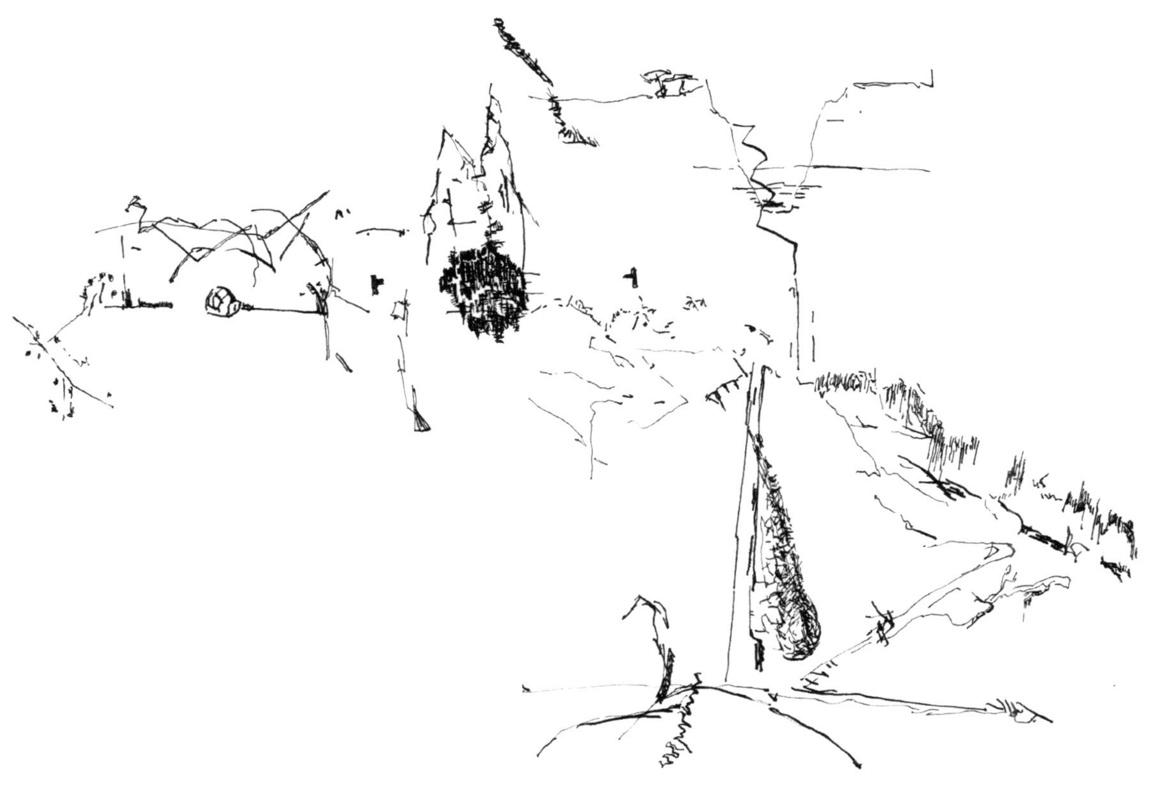

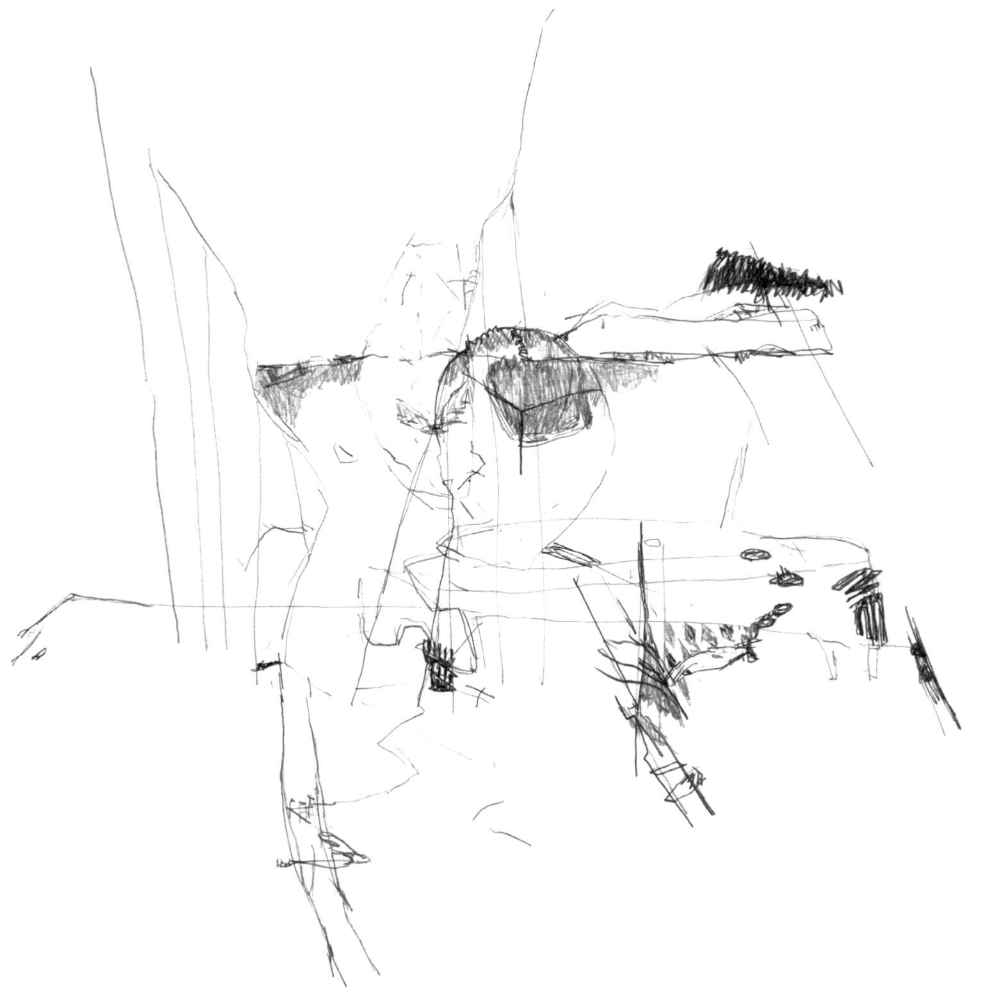

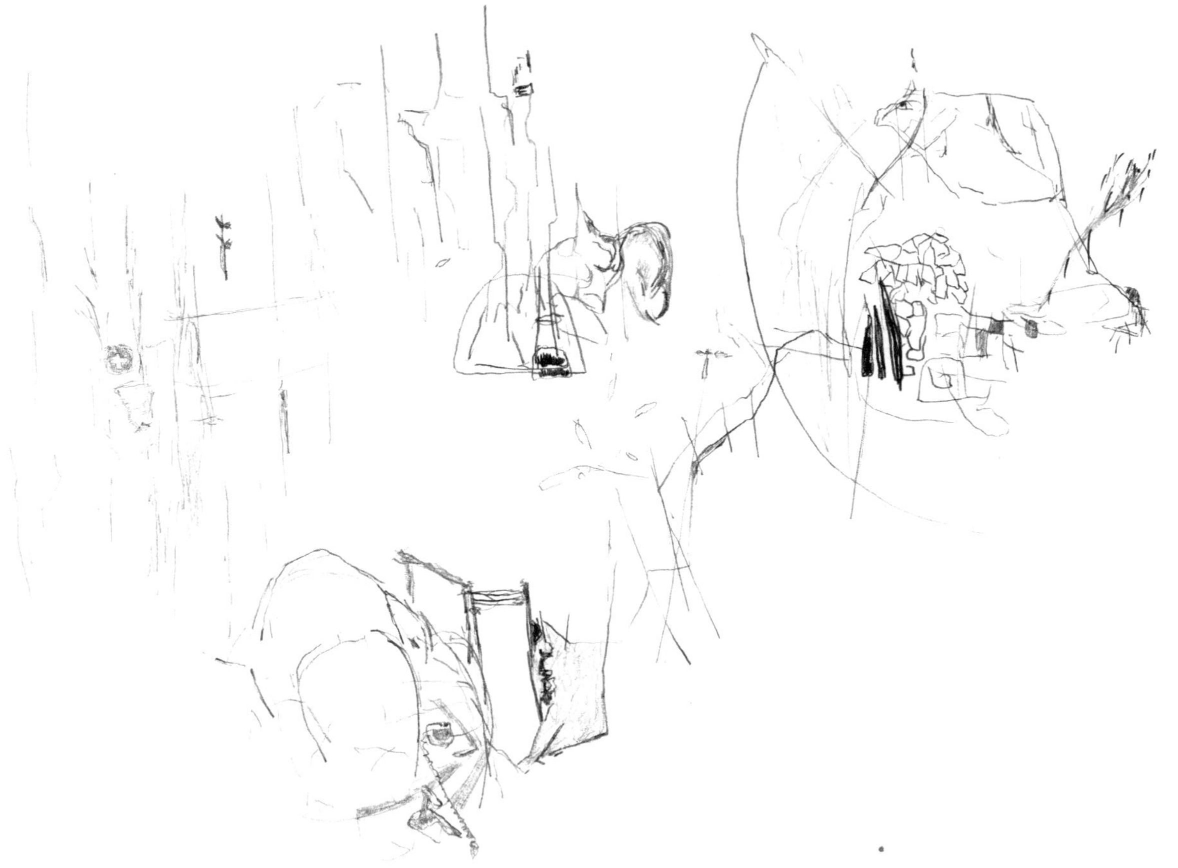

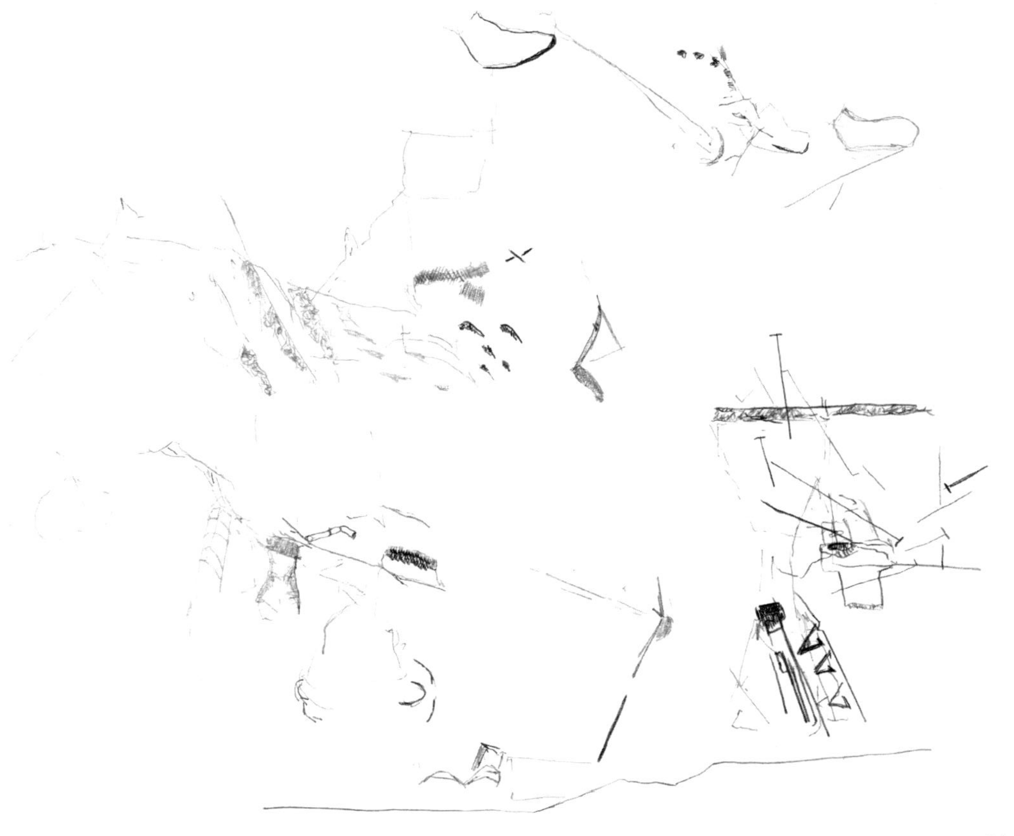

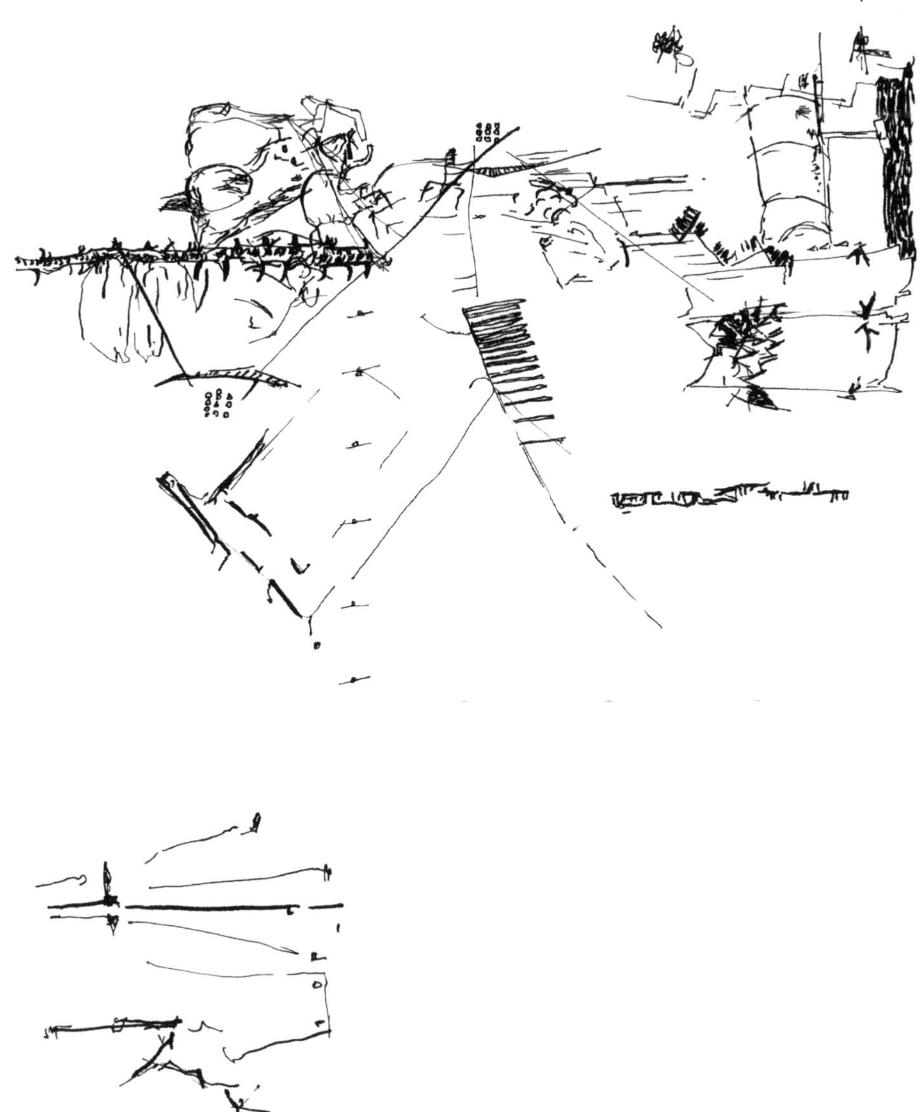

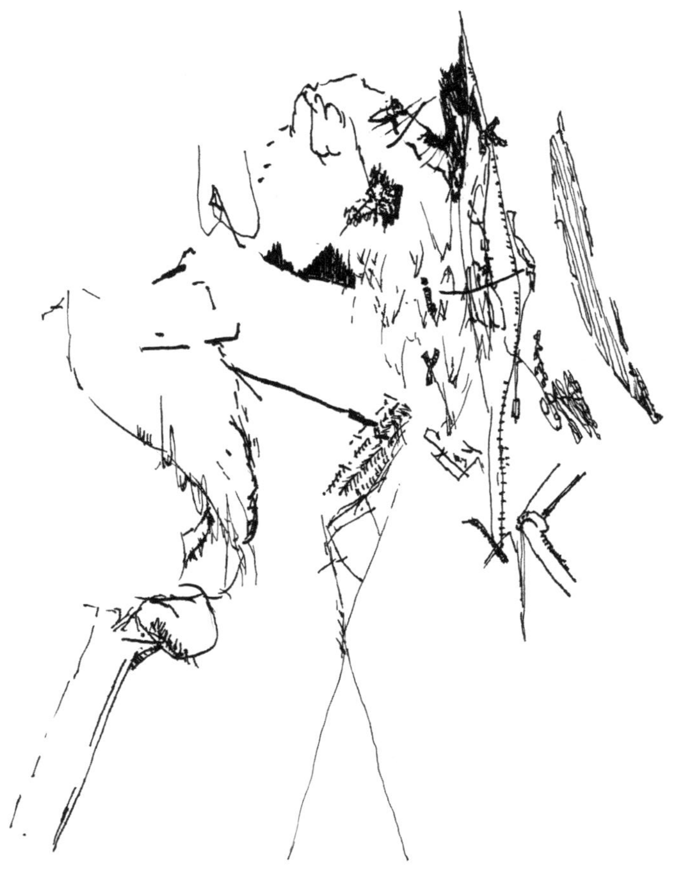

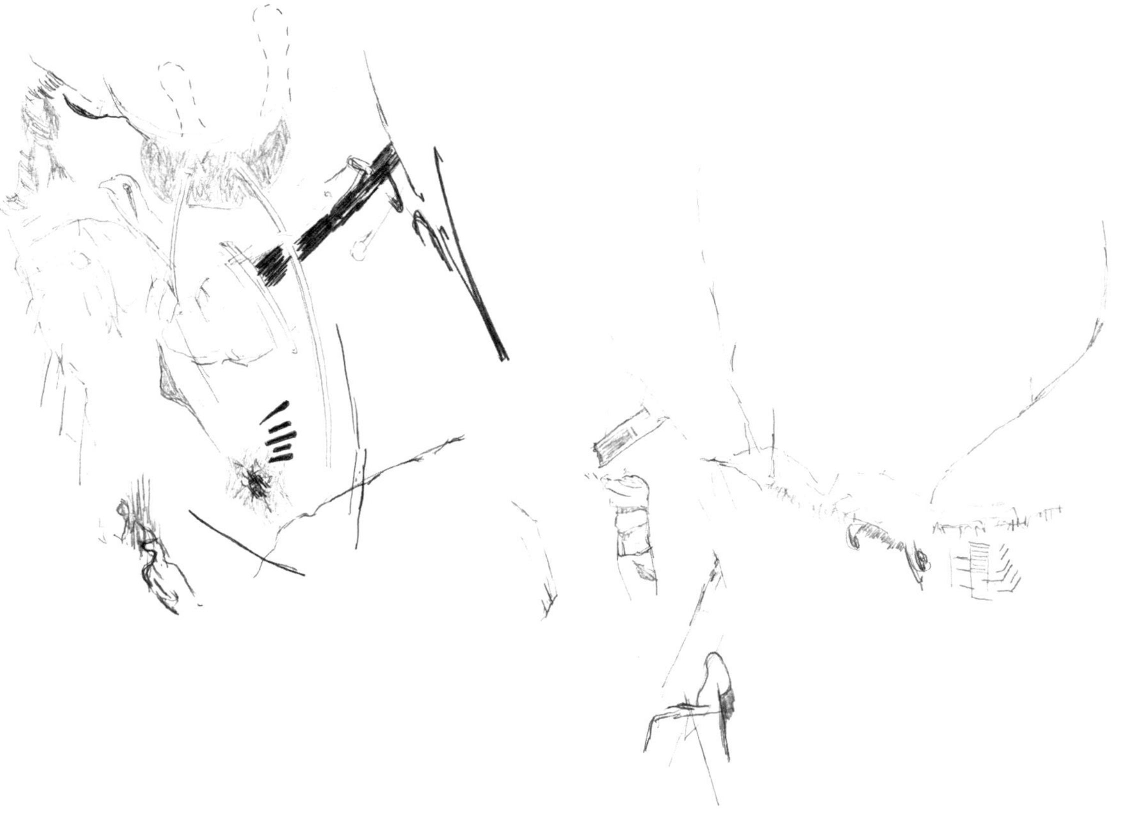

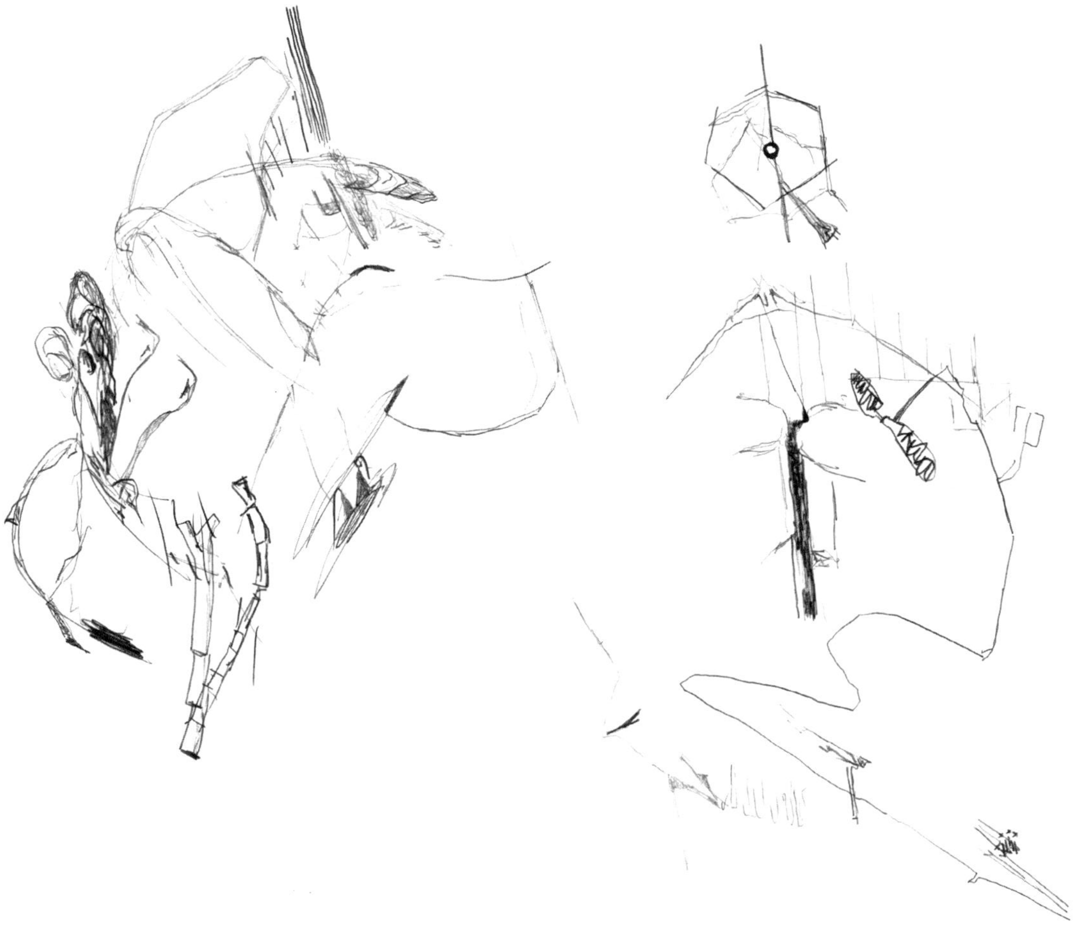

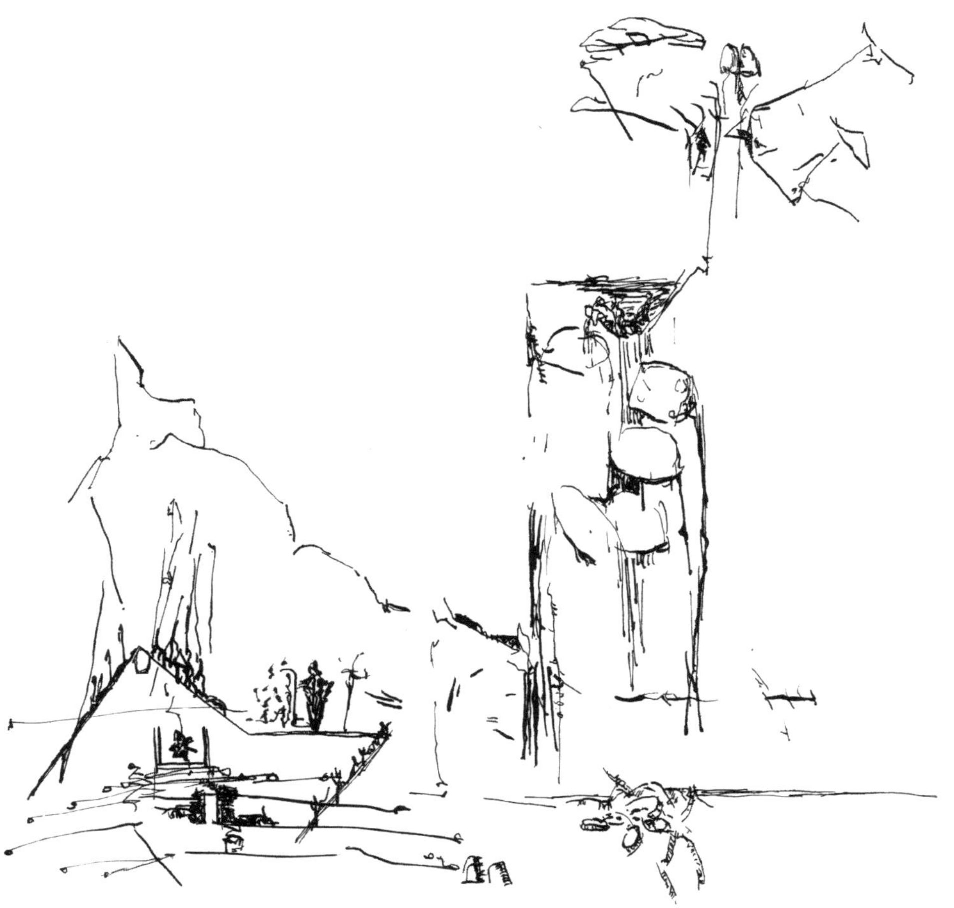

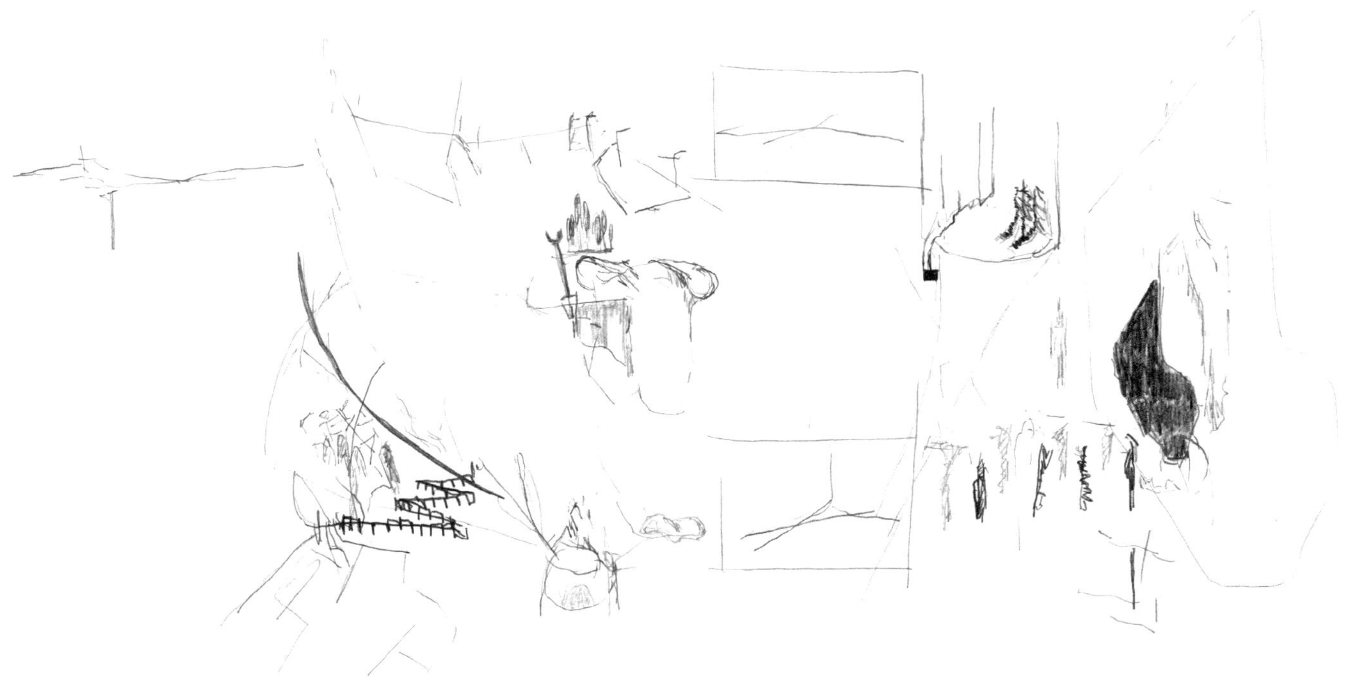

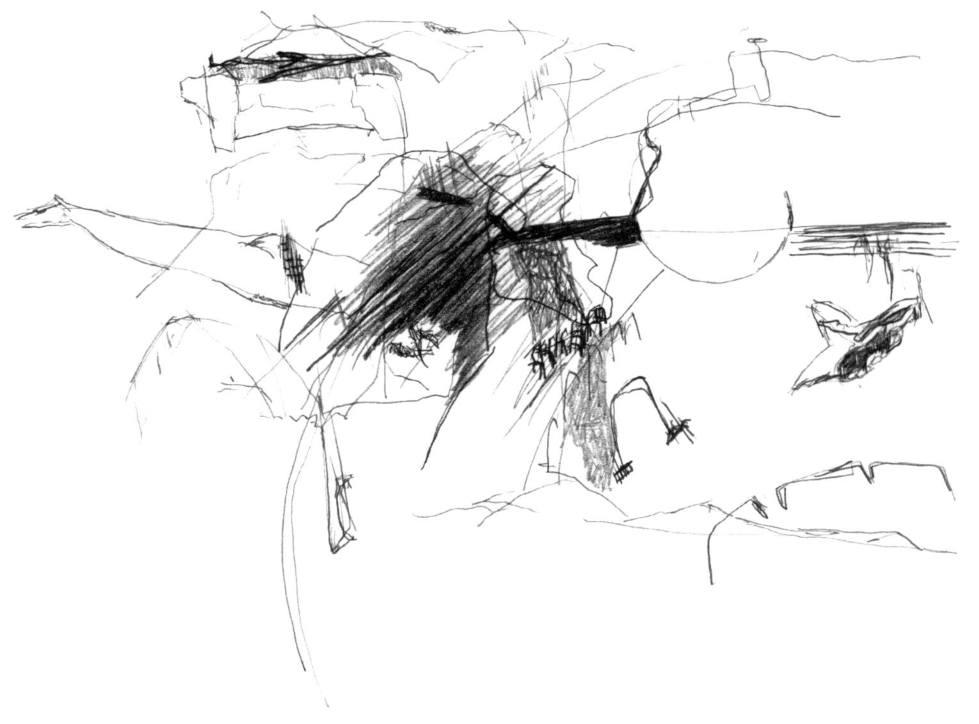

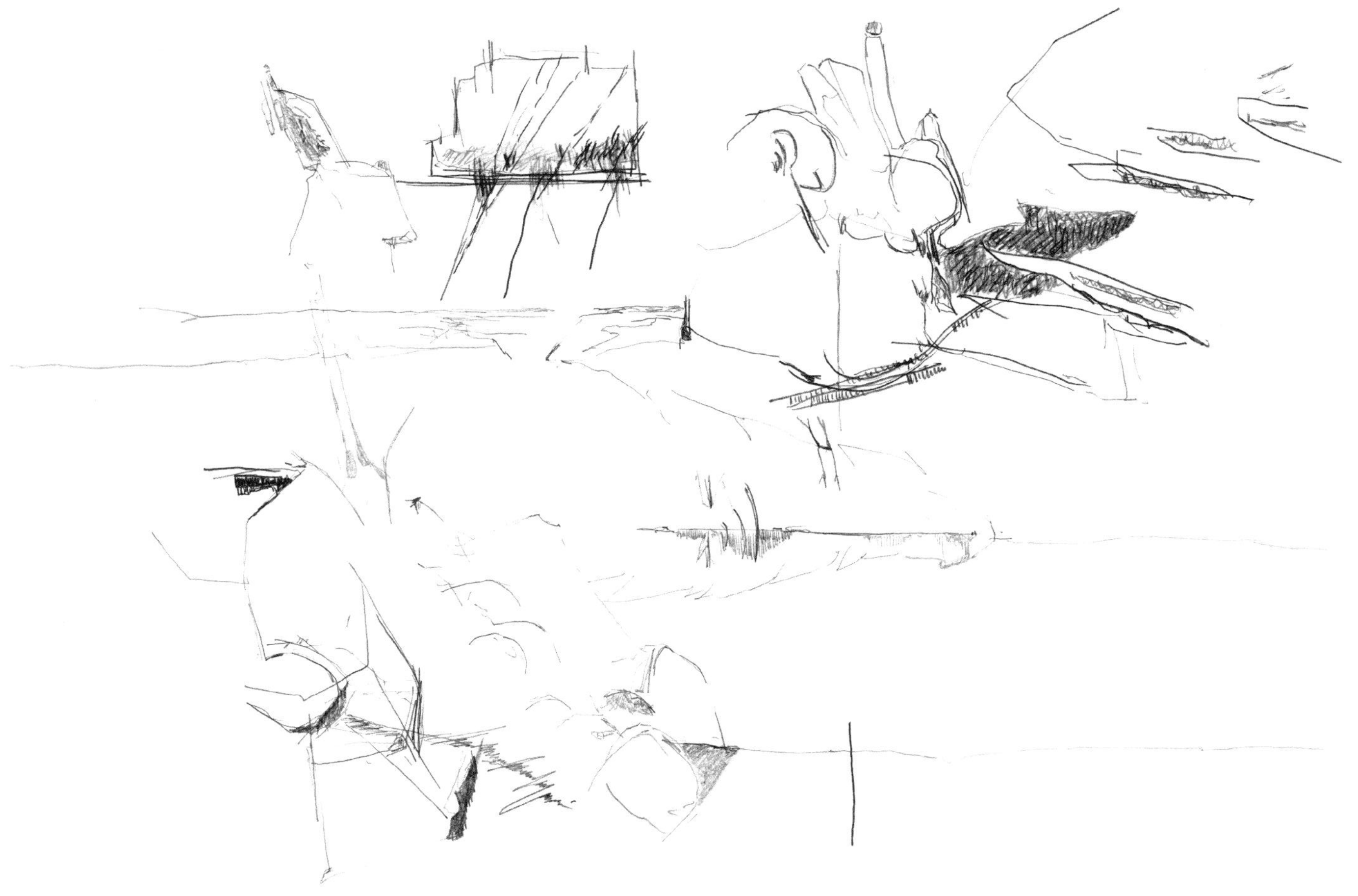

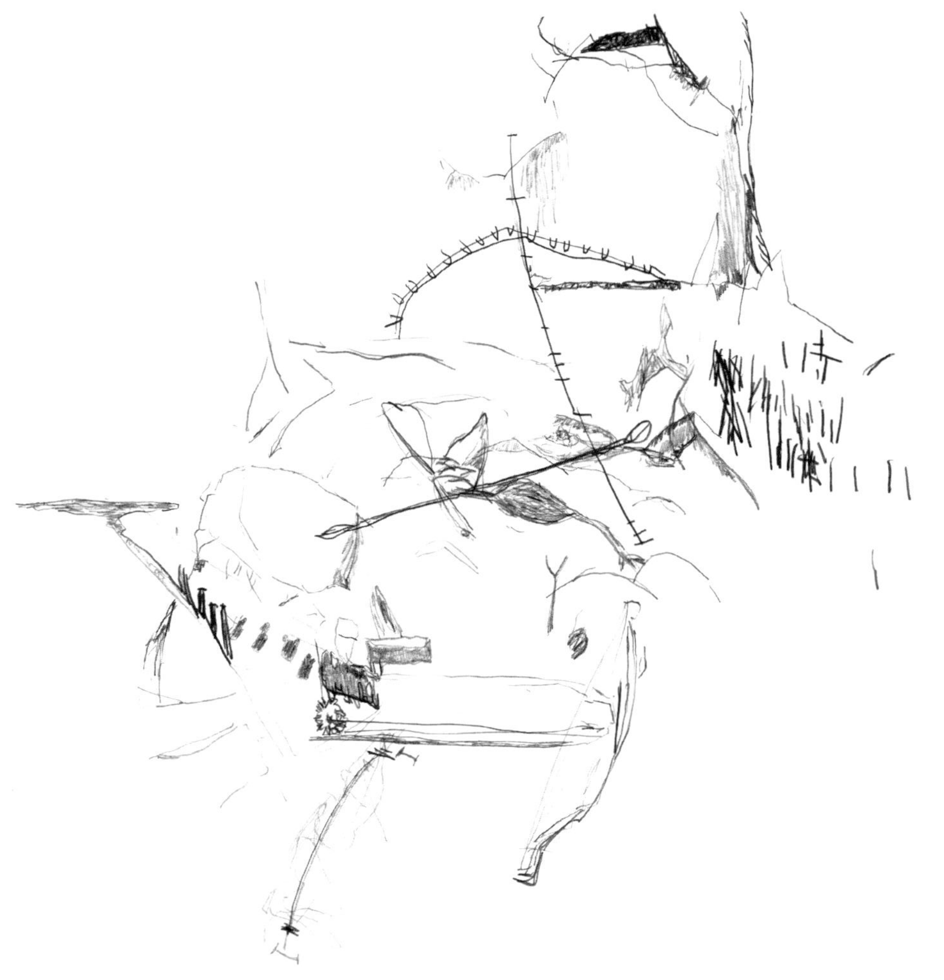

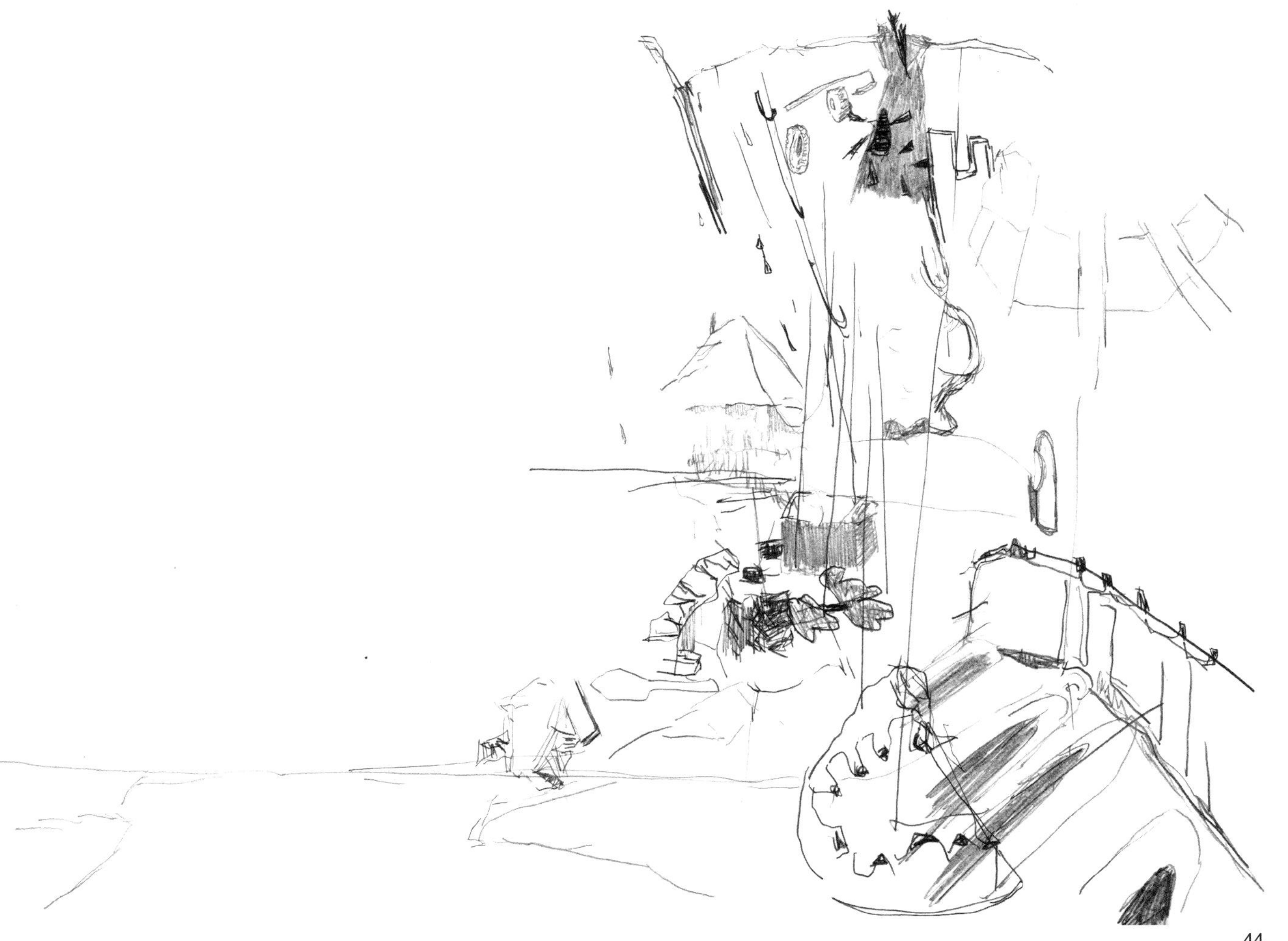

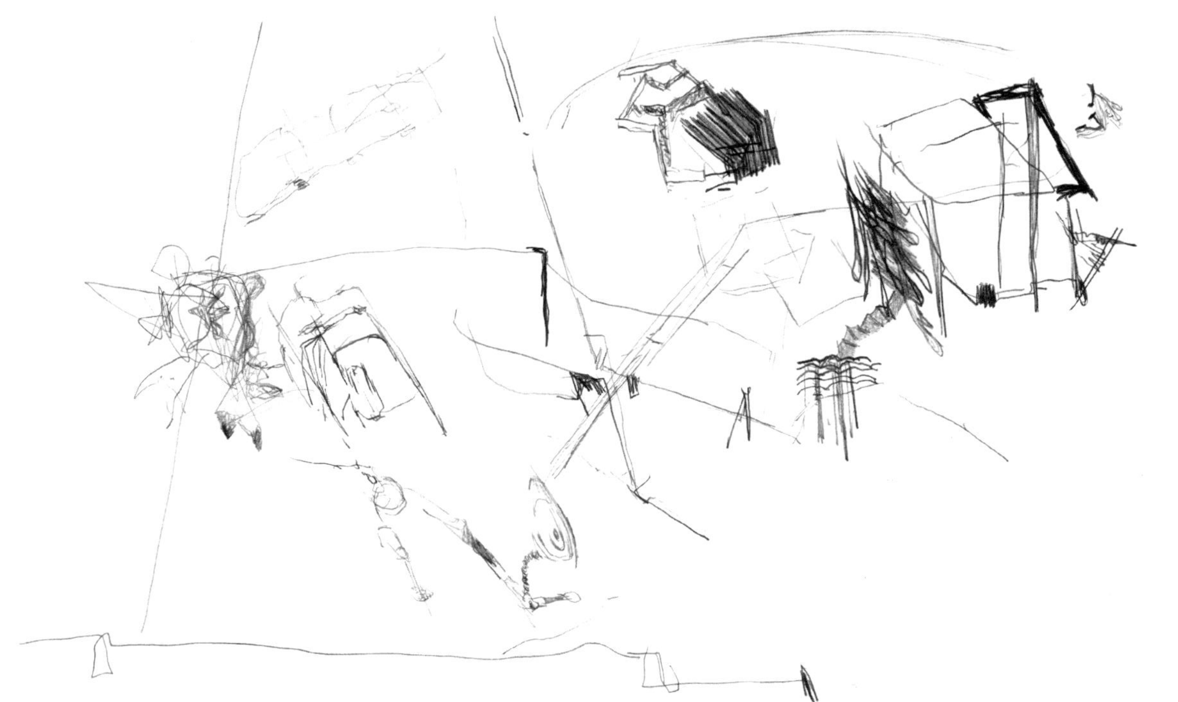

Index

Archiv Peter Piller
Spekulationen (II)
Zahlreiche Übergangsformen

Der Gegenstand der Buchreihe „Spekulationen" ist mein Zugang zu steinzeitlicher Kunst und ihre Präsenz in meiner Gegenwart. Dieser Band zeigt fünfundvierzig Zeichnungen, in denen aus der Erinnerung der Besuch steinzeitlicher Kunststätten rekonstruiert wurde. Besucht wurden überwiegend Höhlen, aber auch Abris und im Außenraum erhaltene Kunstwerke in Frankreich, Spanien und Portugal.
Die Tuschezeichnungen zeigen unterirdische Räume, die Bleistiftzeichnungen Außenräume.

The subject of the books in the „Spekulationen" series is my approach to Stone Age art and its presence in my daily life. This volume presents forty-five drawings reconstructing visits to Stone Age art sites from memory. The sites visited were mainly caves, but also abris and works of art preserved in outdoor spaces in France, Spain and Portugal. The ink drawings depict underground spaces, while the pencil drawings show outdoor spaces.

Dieses Künstlerbuch erscheint anlässlich der Ausstellung / This artist's book is published on the occasion of the exhibition
Peter Piller: there are a couple of things that bother me

Kunsthalle Düsseldorf
11. März – 21. Mai 2023 / March 11 – May 21, 2023

Kuratiert von / Curated by
Alicia Holthausen, Gregor Jansen

Herausgegeben von / Released by
Kunsthalle Düsseldorf, Gregor Jansen; Alicia Holthausen

Redaktion / Editing
Peter Piller

Gestaltung / Design
Julia Wagner und / and Peter Piller, basierend auf einem Entwurf von / based on a design by Christoph Keller

Bildbearbeitung / Image Editing
Leolab Hamburg, Julian Guzzo

Gesamtherstellung / Production
Memminger MedienCentrum,
Druckerei und Verlags-AG, Memmingen

Erstmalig erschienen im / First published by Nieves
www.nieves.ch

ISBN 978-3-907179-59-8

 Dieser Band erscheint in einer Auflage von 600 Exemplaren. / This volume will be published in an edition of 600 copies.
Courtesy Capitain Petzel, Berlin, ProjecteSD, Barcelona und / and Galerie Barbara Wien, Berlin
Zitat Buchrückseite / Quote back cover:
Michel Lorblanchet: Höhlenmalerei

Bibliografische Information der Deutschen Nationalbibliothek
Die Deutsche Nationalbibliothek verzeichnet diese Publikation in der Deutschen Nationalbibliografie; detaillierte bibliografische Daten sind über http://dnb.d-nb.de abrufbar.

Bibliographic information of the German National Library
The German National Library lists this publication in the German National Bibliography; detailed bibliographic data are available at http://dnb.d-nb.de.

Besonderer Dank an / Special thanks to: Alicia Holthausen und / and Gregor Jansen
Dank auch an / Thanks also to: Gwendolyn Detroy, Almut Hilf, Nina Koidl-Weidemann, Anika Matthes

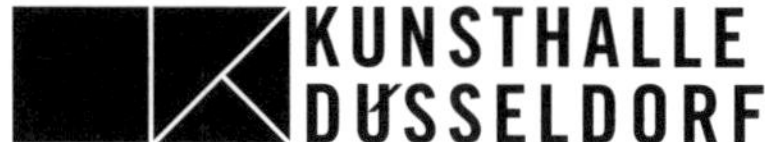

Kunsthalle Düsseldorf gGmbH
Grabbeplatz 4
40213 Düsseldorf
Tel. +49 (0)211 54 23 77 10
mail@kunsthalle-duesseldorf.de
www.kunsthalle-duesseldorf.de

Direktor / Director
Gregor Jansen

Kaufmännische Geschäftsführerin / Managing Director
Ariane Berger

Kuratorisches Team, Ausstellungsrealisation /
Curatorial Team, Exhibition Realisation
Alicia Holthausen
Juliane Hoffmanns (Volontariat / Trainee)

Presse und Kommunikation, Kunstvermittlung /
Press and Communications, Education
Dirk Schewe
Joshua Pesch (Volontariat / Trainee)

Direktionsassistenz, Kunstvermittlung /
Assistant to the Director, Education
Claudia Paulus

Verwaltung / Administration
Lumnije Sturr

Leitung Ausstellungstechnik / Head of Installation Staff
Jörg Schlürscheid

Haustechnik / Building Services
Dennis Galle

Service
Guido Braun, Bozena Folak, Bernd Oßwald, Julia Quandt,
Domagoj Rastegorac, Marion Schulze, Zbigniew Semeniuk,
Cornelia Sniehotta, Silke Voigt

Ausstellung und Publikation wurden gefördert durch /
Exhibition and catalogue were funded by

**Ministerium für
Kultur und Wissenschaft
des Landes Nordrhein-Westfalen**

Die Ausstellung findet im Rahmen des Jubiläums 250 Jahre Kunstakademie Düsseldorf statt. / The exhibition takes place as part of the anniversary 250 Jahre Kunstakademie Düsseldorf.

Kunsthalle Düsseldorf wird gefördert durch /
Kunsthalle Düsseldorf is funded by

Landeshauptstadt
Düsseldorf

Ständiger Partner der Kunsthalle Düsseldorf /
Permanent partner of Kunsthalle Düsseldorf

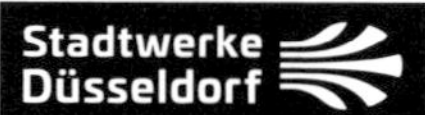